Medienwissen kompakt

Reihe herausgegeben von
K. Beck, Berlin, Deutschland
G. Reus, Hannover, Deutschland

Die Reihe Medienwissen kompakt greift aktuelle Fragen rund um Medien, Kommunikation, Journalismus und Öffentlichkeit auf und beleuchtet sie in eingängiger und knapper Form aus der Sicht der Publizistik- und Kommunikationswissenschaft. Die Bände richten sich an interessierte Laien ohne spezielle Fachkenntnisse sowie an Studierende anderer Sozial- und Geisteswissenschaften. Ausgewiesene Experten geben fundierte Antworten und stellen Befunde ihres Forschungsgebietes vor. Das Besondere daran ist: sie tun es in einer Sprache, die leciht lebendig und jedermann veständlich sein soll.

Mit einer möglichst alltagsnahen Darstellung folgen Herausgeber und Autoren dem alten publizistischen Ideal, möglichst alle Leser zu erreichen. Deshalb verzichten wir auch auf einige Standards „akademischen" Schreibens und folgen stattdessen journalistischen Standards: In den Bänden dieser Reihe finden sich weder Fußnoten mit Anmerkungen noch detaillierte Quellenbelege bei Zitaten und Verweisen. Wie im Qualitätsjournalismus üblich, sind alle Zitate und Quellen selbstverständlich geprüft und können jederzeit nachgewiesen werden. Doch tauchen Belege mit Band- und Seitenangaben um der leichten Lesbarkeit willen nur in Ausnahmefällen im Text auf.

Reihe herausgegeben von

Klaus Beck

Berlin, Deutschland

Gunter Reus

Hannover, Deutschland

Weitere Bände in der Reihe http://www.springer.com/series/11553

Jan-Hinrik Schmidt

Social Media

2., aktualisierte und erweiterte Auflage

Springer VS

Jan-Hinrik Schmidt
Hamburg, Deutschland

Medienwissen kompakt
ISBN 978-3-658-19454-3   ISBN 978-3-658-19455-0   (eBook)
https://doi.org/10.1007/978-3-658-19455-0

Die Deutsche Nationalbibliothek verzeichnet diese Publikation in der Deutschen
Nationalbibliografie; detaillierte bibliografische Daten sind im Internet über http://
dnb.d-nb.de abrufbar.

Springer VS
© Springer Fachmedien Wiesbaden 2013, 2018

Lektorat: Barbara Emig-Roller

Gedruckt auf säurefreiem und chlorfrei gebleichtem Papier

Springer VS ist Teil von Springer Nature
Die eingetragene Gesellschaft ist Springer Fachmedien Wiesbaden GmbH
Die Anschrift der Gesellschaft ist: Abraham-Lincoln-Str. 46, 65189 Wiesbaden, Germany

Inhalt

1. Einstieg: Was sind soziale Medien?

Dieses Kapitel erläutert zunächst an einigen Beispielen die Bedeutung sozialer Medien: Sie erleichtern es Menschen, Informationen aller Art miteinander zu teilen und soziale Beziehungen zu pflegen. Anschließend werden die wichtigsten Angebotstypen sowie einige repräsentative Daten zur Verbreitung und Nutzung sozialer Medien vorgestellt.

Am 22. Juli 2016 erschoss ein 18-jähriger Schüler in München neun Menschen, bevor er sich, von Polizisten gestellt, selbst tötete. Fernsehsender änderten ihr Programm, um in Sondersendungen über die sich entwickelnde Lage zu berichten – doch für viele Menschen war das Internet eine mindestens ebenso wichtige Anlaufstelle: Die Müncher Polizei verbreitete aktuelle Informationen über Facebook und Twitter, während parallel auf diesen Plattformen auch erste Augenzeugen-Videos kursierten, deren Herkunft und Authentizität noch nicht geklärt waren. Besorgte Menschen nahmen via WhatsApp Kontakt zu Freunden und Bekannten in München auf, um sich über deren Wohlergehen zu versichern. Facebook aktivierte sogar seinen »Safety Check«, mit dessen Hilfe sich Personen aus München und Umgebung als »in Sicherheit« markieren konnten. Und auf Twitter versuchten populistische Politiker vom rechten Rand mit markigen Worten, Kapital aus der Tragödie zu schlagen, derweil engagierte Bürger unter dem Kennwort »#offenetür« denjenigen Unterschlupf boten, die in der Stadt gestrandet waren.

Mehr als drei Jahre zuvor, im Januar 2013, erschienen kurz hintereinander zwei Artikel auf Spiegel Online und im Stern, in denen Journalistinnen berichteten, welche sexistischen Bemerkungen und Anzüglichkeiten Politiker ihnen gegenüber fallengelassen hatten. Eine junge Frau schlug auf Twitter vor, alltägliche Erfahrungen mit Sexismus auszutauschen und mit dem Kennwort »#aufschrei« zu versehen. Dieser »hashtag«, wie solche Kennworte auf Twitter heißen, versammelte in den folgenden Tagen die verstreuten Wortmeldungen vieler Nutzerinnen und Nutzer. Sie berichteten von eigenen Erlebnissen, machten ihrer Empörung Luft und diskutierten den Alltagssexismus in Deutschland. In weniger als einer Woche kamen etwa 50 000 Tweets zusammen – eine Resonanz auf Twitter, die in diesem Ausmaß bislang in Deutschland noch nicht aufgetreten war. Sie erzeugte wiederum Berichterstattung in journalistischen Medien und Fernsehtalkshows, die weitere Diskussionen in den sozialen Medien nach sich zog. Im Sommer 2013 erhielt #aufschrei – als erster hashtag – sogar einen der renommierten Grimme Online Awards, die jedes Jahr für hochwertige deutschsprachige Internet-Angebote vergeben werden.

Und noch einmal zwei Jahre früher, im Februar 2011, stritt der damalige Verteidigungsminister Karl-Theodor zu Guttenberg Vorwürfe kategorisch ab, er habe in seiner Doktorarbeit plagiiert, also Zitate und Übernahmen aus anderen Quellen nicht entsprechend kenntlich gemacht. Innerhalb weniger Tage dokumentierten darauf hin dutzende von Freiwilligen mit Hilfe von Wiki-Software entsprechende Stellen und machten das Ausmaß der Plagiate transparent. Journalistische Medien griffen diese Ergebnisse auf und verstärkten die

Abb. 1   Anzahl der »#aufschrei«-Tweets pro Minute

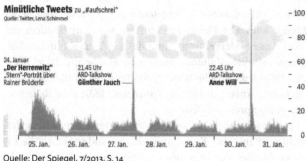

Quelle: Der Spiegel, 7/2013, S. 14

öffentliche Debatte. Auf Facebook entstanden Gruppen mit mehreren zehntausend Mitgliedern, die einen Rücktritt des Ministers forderten – und andere Gruppen, die ihn verteidigten. Am 1. März 2011 trat zu Guttenberg dann von seinem Amt zurück. Ein Artikel auf Spiegel Online konstatierte: »Netz besiegt Minister«.

Alle genannten Beispiele wären ohne Social Media bzw. die »sozialen Medien«, also ohne internetbasierte Plattformen und Werkzeuge wie Facebook, YouTube, Wikis, Twitter oder Weblogs, nicht denkbar gewesen. Zugleich spielen in ihnen aber auch »klassische« Medien, also journalistisch-redaktionell erstellte Angebote, eine wichtige Rolle. Man könnte zahlreiche weitere Beispiele aus den zurückliegenden Jahren nennen, an denen dieses Zusammenspiel von alten und neuen Medien deutlich wird: die Proteste gegen das »Zugangserschwerungsgesetz« von Ministerin Ursula von der Leyen, die im Sommer 2009 auf Twitter den Spitznamen »#zensursula« verpasst bekam, ihre Pläne aber auch in Fernsehtalkshows und Zeitungsinterviews rechtfertigen musste; die rasante Verbreitung von YouTube-Phänomenen wie dem

»Harlem Shake« oder der »Ice Bucket Challenge«, die 2013 und 2014 weltweit Nachahmer fanden, auch weil journalistische Medien darüber berichteten; das Interview, das Florian Mundt alias »Le Floid« im Sommer 2015 mit Bundeskanzlerin Angela Merkel führte und das auf YouTube in der Folgezeit mehrere Millionen Menschen ansahen; die Debatten um die journalistische Berichterstattung zur Kölner Silvesternacht, die Anfang 2016 in den sozialen Medien die Rede von der »Lügenpresse« befeuerte.

Augenscheinlich hat sich in den vergangenen Jahren das Gefüge öffentlicher Kommunikation verändert. Doch die sozialen Medien der Gegenwart setzen nur eine längere Tradition der Medienentwicklung fort. Denn bereits in den 1990er Jahren zeichnete sich ab, dass das Internet an die Seite der Massenmedien Radio, Fernsehen oder Zeitung tritt. Als Universalmedium bietet es zudem auch Kanäle zur synchronen oder zeitversetzten interpersonalen Kommunikation und erlaubt Formen der Mensch-Maschine-Interaktion. So können wir online einkaufen oder in Computerspielen gegeneinander antreten. Doch erst in den 2000er Jahren hat sich, auch dank immer leistungsfähigerer Breitbandverbindungen und günstiger »Flatrate«-Tarife, das multimediale Internet etabliert. Seitdem steht eine buchstäblich unerschöpfliche Vielfalt von YouTube-, Webradio-Angeboten oder Podcasts zur Verfügung, aber auch Videotelefonie via Skype ist seitdem möglich.

Seit Beginn der 2010er Jahren schließlich können wir, dank wachsender Verbreitung von Smartphones und Tablet PCs, all diese Dienste potentiell an jedem Ort nutzen (solange wir eine Netzverbindung haben …). Dies ist auch deswegen möglich, weil wir inzwischen viele Programme als »webbased services« direkt im World Wide Web aufrufen und ausführen können. Unsere Daten sind dabei nicht mehr zwingend auf dem eigenen Rechner oder Handy gespeichert, sondern befinden sich in der »cloud«, also auf den Servern von Rechenzentren und spezialisierten Dienstleistern, die Daten und

Programme ständig zum Abruf bereithalten. Solange wir über ein internetfähiges Endgerät verfügen, können wir also die entsprechenden Anwendungen nutzen.

Die sozialen Medien basieren auf dieser medien- und informationstechnologischen Infrastruktur. Sie fügen ihr allerdings zwei wesentliche Elemente hinzu. Erstens erleichtern es soziale Medien, Informationen aller Art im Internet zugänglich zu machen und zu bearbeiten. Sie versetzen mich also in die Lage, auch ohne große technische Vorkenntnisse Texte, Bilder, Videos oder Audioaufnahmen im Internet zu veröffentlichen und so potentiell einem großen Publikum zugänglich zu machen. Zweitens erlauben es mir soziale Medien, mich mit anderen Nutzern auszutauschen, bringen also dialogische Merkmale mit ins Spiel. Sie beinhalten vielfach auch, soziale Beziehungen zu anderen Menschen »explizit zu machen«, also andere Nutzer als »Kontakte« oder »Freunde« zu bestätigen. Datenbankverknüpfungen erlauben es mir dann, Kommunikation und Austausch mit meiner Umwelt neu zu gestalten. So kann ich mir regelmäßig Neuigkeiten aus meinem eigenen Bekanntenkreis anzeigen lassen. Oder ich erfahre unmittelbar, wie meine »Kontakte« neue Filme, Bücher oder Musik bewerten.

Die wichtigsten Formen sozialer Medien

Diese zwei Merkmale – bessere Möglichkeiten, Inhalte online zu veröffentlichen und zu bearbeiten sowie zum Austausch mit anderen – sind keine strikten definitorischen Kriterien. Aber sie helfen, den eher schwammigen Begriff der »sozialen Medien« zumindest etwas einzugrenzen. Zudem machen sie deutlich, dass soziale Medien einen neuartigen Raum zwischen der massenmedialen und der interpersonalen Kommunikation schaffen und einnehmen. Außerdem erinnern sie daran, dass der Begriff eine Reihe ganz unterschiedlicher Gattungen zusammenfasst. Die wichtigsten, die auch in diesem Band im Vordergrund stehen, sollen im Folgenden kurz beschrieben werden.

Netzwerkplattformen werden gelegentlich auch »soziale Netzwerke« oder »Online-Communities« genannt. Ihr Prinzip besteht darin, dass man sich als Nutzer auf einer Plattform registriert und Angaben zur eigenen Person hinterlegt, also z. B. zu Interessen, Vorlieben oder beruflichen Kompetenzen. Auch Kontaktinformationen und ein Bild gehören dazu. Ausgehend von diesem Profil macht man Beziehungen zu anderen Nutzern »explizit«, bestätigt diese also, wie oben beschrieben, als »Freunde« oder »Kontakte«. Über direkte Nachrichten, in thematischen Gruppen o. ä. kann man sich mit seinen eigenen Kontakten unterhalten oder auch mit bislang fremden Personen austauschen, mithin sein eigenes Netzwerk erweitern.

Seit vielen Jahren ist Facebook die bekannteste und meist genutzte Netzwerkplattform, die nach eigenen Angaben allein in Deutschland etwa 30 Millionen aktive Nutzer hat. Weltweit wurde im Juni 2017 gar die Marke von zwei Milliarden Nutzern überschritten. Daneben existieren weitere, allerdings weniger stark verbreitete Netzwerkplattformen wie Google+ oder die auf berufliche Kontaktpflege spezialisierten Angebote XING und LinkedIn.

Vor den genannten Angeboten gab es bereits eine Reihe anderer Netzwerkplattformen: MySpace zählte Mitte der 2000er Jahre mehrere hundert Millionen Mitglieder und hatte einen Schwerpunkt im künstlerischen Bereich, vor allem unter Musikern und Bands. Im deutschsprachigen Raum waren Ende der 2000er Jahre die VZ-Netzwerke (schülerVZ, studiVZ und meinVZ) sowie die stärker regional ausgerichteten Plattformen wer-kennt-wen.de und Lokalisten populär. Sie alle mussten jedoch ihre Position um das Jahr 2010 herum an Facebook abgeben und sind mittlerweile größtenteils vom Markt verschwunden.

Während auf Netzwerkplattformen das individuelle Nutzerprofil und seine Verknüpfung mit anderen Profilen im Mittelpunkt stehen, sind *Multimediaplattformen* stärker um einzelne Inhalte herum strukturiert. Am bekanntesten sind derzeit YouTube, Instagram und Snapchat, die den Austausch von Fotos und Videoclips erleichtern. Aber auch für Musikstücke (z. B. Soundcloud) oder Präsentationen (Slideshare) existieren eigene Plattformen. Meist stehen nach dem Hochladen eines Inhalts weitere Funktionen zur Verfügung – so kann man Fotos kommentieren oder Präsentationen auf anderen Webseiten einbetten.

Eine weitere einflussreiche Social-Media-Gattung sind die *Weblogs,* in Kurzform auch: Blogs. Der Begriff kombiniert das »Web« und das »Log(-buch)«, verweist also darauf, dass Blogs die Erlebnisse und Internet-Fundstücke seines Autors – des »Bloggers« – dokumentieren. Sie führen die Tradition von Online-Tagebüchern einerseits und kommentierten Linklisten andererseits fort, ergänzen sie aber um technische Besonderheiten. Ein Blog besteht aus einzelnen Einträgen, die rückwärts chronologisch sortiert sind, das heißt der neueste Beitrag steht jeweils oben. Jeden einzelnen Beitrag kann man zudem kommentieren und verlinken. Dadurch können sich sowohl innerhalb eines Blogbeitrags als auch zwischen Blogs jeweils eigene Konversationen und Geflechte von wechselseitigen Verweisen entwickeln, die in ihrer Gesamtheit die »Blogosphäre« ausmachen. Inhaltlich sind Blogs dabei nicht festgelegt. Ihre Spannweite reicht von persönlichen Schilderungen aus dem Alltag über literarisch-kolumnenartige Blogs oder solche mit politischen Themen bis hin zu Fachblogs, in denen Experten aus ihrem beruflichen Spezialgebiet berichten.

Eine Spielart der Blogs sind die *Microblogs,* für die derzeit insbesondere Twitter steht. Sie beschränken die Länge der einzelnen Beiträge – der »Tweets« – auf 140 Zeichen, auf relativ kurze Mitteilungen. Diese können Beobachtungen und

Gedanken zu allen erdenklichen Themen enthalten, genauso wie Links und Hinweise auf interessante Webseiten oder bei Twitter hochgeladene eigene Fotos und Videos. Die einzelnen Tweets einer Person lassen sich über deren Profil im Web abrufen. Doch Twitter besitzt eine deutlich gängigere Methode, damit Nutzer einander über Aktualisierungen auf dem Laufenden halten können: Indem man zum »Follower« eines anderen Nutzers wird, hat man dessen Tweets gewissermaßen abonniert. Sie fließen zusammen mit den Tweets aller anderen Nutzer, denen man folgt, in der »timeline« zusammen, also der beständig und in Echtzeit aktualisierten Liste von Updates und Neuigkeiten. Ähnlich wie Netzwerkplattformen nutzt also auch Twitter explizit gemachte soziale Beziehungen, um Informationen und Kommunikation zu filtern.

Durch spezielle technische Konventionen lässt sich der Informationsfluss weiter strukturieren: Stellt man einem Nutzernamen ein »@« voran, adressiert man diesen direkt, sendet ihm also eine – für alle anderen Nutzer auch sichtbare – Mitteilung. Ein »hashtag« – das Rautezeichen »#« – hingegen kann genutzt werden, um den darauf folgenden Begriff zu einer durchsuchbaren Kategorie zu machen. Ein typischer Tweet könnte also wie folgt aussehen: »da wird sich @janschmidt aber freuen: endlich hat der #hsv mal wieder gewonnen!« Sowohl die Adressierung von *@janschmidt* als auch der hashtag *#hsv* werden auf Twitter dann als Links dargestellt, die zum Profil des Verfassers dieses Buches beziehungsweise zur Liste anderer aktueller Tweets führen, in denen gerade der hashtag »#hsv« verwendet wird.

Eine weit verbreitete Spielart sozialer Medien sind *Instant-Messaging-Dienste,* die Merkmale von Netzwerkplattformen und Chat- bzw. SMS-Systemen verbinden. Die bekanntesten Angebote sind WhatsApp und der Facebook Messenger, die beide vor allem als App auf Smartphones und Tablets weit verbreitet sind. Das Prinzip des Instant Messaging findet sich aber auch in anderen Angeboten, etwa als Teil des Videotelefonie-Dienstes Skype: Man kann andere Nutzer zu seinen Kontakten hinzufügen und dann einzeln oder in Gruppen Textnachrichten oder Bilder austauschen und weiterleiten. Stärker noch als bei den bisher genannten Gattungen sozialer Medien ist der Sprachstil bei Instant-Messaging-Diensten trotz des schriftlichen Ausdrucks sehr nah an mündlicher Kommunikation, das heißt die Nutzer reagieren in der Regel sehr schnell aufeinander und nutzen meist informelle Sprache. Zudem beziehen sie »Emojis«, also Visualisierungen von Emotionen, Piktogramme o. ä. sowie Akronyme (etwa »kp« für »kein Problem« oder »wmd« für »Was machst Du?«) mit ein, um ihre Ausdrucksmöglichkeiten zu erweitern.

Als letzte Gattung der sozialen Medien seien hier noch die *Wikis* erwähnt. Der Begriff stammt aus dem Hawaiianischen, wo das Wort »schnell« bedeutet. Er wurde bereits Mitte der 1990er Jahre für Softwareprogramme verwendet, mit denen sich Webseiten unkompliziert und ohne spezielle Programmierkenntnisse gemeinsam bearbeiten lassen. Diese Gattung sozialer Medien wurde durch »Wikipedia« bekannt, eine Online-Enzyklopädie, deren Artikel jeder Nutzer bearbeiten und verbessern kann (siehe Kapitel 6 für eine ausführliche Beschreibung). Wikis werden aber auch in zahlreichen anderen Formen und Kontexten eingesetzt, zum Beispiel für den Wissensaustausch innerhalb von Organisationen, für die gemeinsame Dokumentation von Veranstaltungen oder als öffentlich zugängliche Sammlung von Ideen und Notizen einzelner Personen. Auch das einleitend genannte »GuttenPlag-Wiki« beruht auf dieser Software-Technologie. Sie bot eine einfache Möglichkeit, einzelne Fundstellen von dokumentierten Plagiaten in der Dissertation beizusteuern, die rasch wachsende Dokumentation der Sammlung zu organisieren und öffentlich zugänglich zu machen.

Entwicklung und Verbreitung
der sozialen Medien

Die genannten Gattungen werden bisweilen auch unter Ober-
begriffen wie »Web 2.0«, »Social Web« oder, etwas älter, »Social Software« zusammengefasst. Diese dienen jedoch eher als
Chiffre oder Kurzformel denn als exakt definierbare Begriffe. Die Bezeichnung »Web 2.0«, die der amerikanische Ver-
leger Tim O'Reilly Mitte der 2000er Jahre popularisiert hat,
drückt die Vorstellung von einem qualitativen Sprung in der
Entwicklung der digitalen Medien besonders prägnant aus:
Das Suffix »2.0« stammt aus der Sprache von Software-Ent-
wicklern und bezeichnet die neue, grundlegend erweiterte
und verbesserte Version eines Programms. Das Web 2.0 wäre
demnach die neue, bessere Fassung des Web 1.0, das Ende der
1990er Jahre bis zum Platzen der New-Economy-Blase vor-
herrschte. Allerdings gab es nie einen Moment, in dem ana-
log zum Update einer Textverarbeitungssoftware oder eines
Betriebssystems das »Web 1.0« abgeschaltet und durch das
»Web 2.0« ersetzt worden wäre; die Entwicklung ging vielmehr schrittweise und für unterschiedliche Nutzergruppen
auch mit unterschiedlicher Geschwindigkeit vonstatten.
  Bezeichnungen wie »Social Web«, »Social Software« oder
auch »soziale Medien« vermeiden die Assoziation eines iden-
tifizierbaren Updates bzw. eines abgrenzbaren Entwicklungs-
sprungs. Allerdings sind sie dank des Adjektivs »sozial« ebenfalls problematisch. Erstens hat dies im Deutschen auch die
Bedeutung von »fürsorglich« oder »kümmernd«, die hier ir-
reführend wäre; soziale Medien wie Facebook oder YouTube
können selbstverständlich auch für a-soziale Zwecke wie
Mobbing oder Datenmissbrauch verwendet werden. Zweitens
könnte man im Umkehrschluss meinen, dass es auch nicht-
soziale Medien gebe – doch Medien sind als Kommunikationsmittel immer an den Austausch zwischen Menschen gebunden. Gleichwohl hat sich der Begriff »soziale Medien«

inzwischen im allgemeinen Sprachgebrauch eingebürgert und soll auch in diesem Buch beibehalten werden: als Sammelbegriff für bestimmte Angebote und Formen digital vernetzter Medien, die das onlinebasierte Bearbeiten und Veröffentlichen von Inhalten aller Art sowie die Beziehungspflege und den Austausch zwischen Menschen erleichtern.

Die Vielfalt von einzelnen Plattformen und Anwendungen innerhalb der genannten Gattungen sowie die sehr hohe Dynamik dieses Feldes machen es schwer, verlässliche Daten zu Reichweite und Nutzung sozialer Medien zu ermitteln. Kaum ein Plattformbetreiber macht genaue und aktuelle Angaben zur Anzahl registrierter Nutzer, monatlicher Zugriffe oder hochgeladener Fotos, Videos und anderer Inhalte. Gerade bei international agierenden Plattformen kommt hinzu, dass deutsche bzw. deutschsprachige Personen meist nur einen kleinen Anteil der Nutzerschaft ausmachen, der nicht gesondert ausgewiesen wird.

Dennoch lassen sich einigen regelmäßig durchgeführten repräsentativen Erhebungen zumindest grundlegende Befunde entnehmen. Die Verbreitung einzelner Angebote steht im Mittelpunkt von Studien der Mediaforschung, die beispielsweise von der »Informationsgemeinschaft zur Feststellung der Verbreitung von Werbeträgern« (IVW; http://www.ivwonline.de) oder der »Arbeitsgemeinschaft Media-Analyse« (agma; http://www.agma-mmc.de) durchgeführt werden. Sie messen die Reichweiten für Online-Werbeträger und erfassen in diesem Zusammenhang auch einige Social-Media-Plattformen. Die entsprechenden Befunde sind verlässlich und liefern Daten, die z. B. in der Werbeplanung verwendet werden. Allerdings decken sie eben nur einen kleinen Ausschnitt der verfügbaren Angebote ab.

Andere Studien rücken hingegen die Nutzer in den Mittelpunkt. Der jährlich durchgeführten repräsentativen ARD/ZDF-Onlinestudie zufolge waren im Jahr 2016 Instant-Messaging-Dienste die am weitesten verbreitete Gattung sozialer

Medien. Etwa zwei Drittel der deutschen Internetnutzer – die wiederum etwa knapp 85 Prozent der Deutschen ab 14 Jahren ausmachen – nutzten diese Dienste mindestens einmal in der Woche. Die Wikipedia, Videoplattformen wie YouTube und Netzwerkplattformen wie Facebook folgten in einigem Abstand und wurden von jeweils etwa 40 Prozent der Internetnutzer zumindest wöchentlich aufgerufen. Fotoplattformen wie Instagram oder auch Twitter sind hingegen weniger weit verbreitet.

Allerdings zeigt sich auch, dass bei allen betrachteten Gattungen teils deutliche Unterschiede zwischen den Altersgruppen bestehen: Instant-Messaging-Dienste sind bei den 14- bis 29-Jährigen fast universell verbreitet. Video- und Netzwerkplattformen decken mit knapp 80 bzw. 70 Prozent ebenfalls große Teile dieser Altersgruppe ab. Auffallend ist aber auch, dass selbst in der Gruppe der über 70-Jährigen, sofern sie das Internet nutzen, die Instant-Messaging-Dienste und die Wikipedia jeweils einen Anteil von etwa 30 Prozent wöchentlicher Nutzer erreichen.

Die hohe Popularität von sozialen Medien bei Jugendlichen findet sich auch in den Befunden der Studie »Jugend, Information, (Multi-)Media« (JIM-Studie) des Medienpädagogischen Forschungsverbunds Südwest wieder. Sie konzentriert sich auf die Mediennutzung von 12- bis 19-Jährigen und ist dank ihres jährlichen Turnus in der Lage, Veränderungen in den Vorlieben dieser sehr internetaffinen Altersgruppe vergleichsweise rasch belegen zu können. Im Jahr 2016 war demnach WhatsApp das mit Abstand beliebteste Kommunikationsmittel, das 95 Prozent dieser Altersgruppe mehrmals pro Woche oder täglich nutzten. Dahinter folgten Instagram (51 %) und Snapchat (45 %), die ihre Verbreitung gegenüber 2015 jeweils noch steigern konnten. Facebook hingegen büßte im gleichen Zeitraum etwas an Verbreitung ein und erreichte nur noch 43 Prozent dieser Altersgruppe, lag also erstmals seit Langem nicht mehr auf einem der ersten drei Plätze.

Abb. 2 Verbreitung ausgewählter sozialer Medien

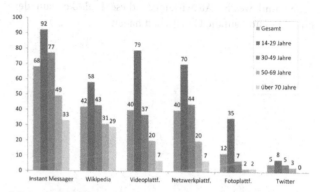

Erläuterung: Angegeben ist der Anteil der deutschen Internetnutzer ab 14 Jahren in Prozent, die die genannten Angebote mindestens wöchentlich nutzen.

Quelle: ARD/ZDF-Onlinestudie 2016

So hilfreich und erhellend statistische Daten zur Nutzung und Verbreitung der sozialen Medien auch sind, so begrenzt sind sie letztlich. Die kommunikationswissenschaftlich spannenden Fragen gehen darüber hinaus. Sie versuchen, Entwicklungen und Phänomene wie das Guttenplag-Wiki, die Popularität von Snapchat unter Jugendlichen oder die Bedeutung von Twitter für politischen Protest zu erklären und zu verstehen. Dieses Buch soll dabei helfen, die kommunikationswissenschaftliche Perspektive auf soziale Medien nachzuvollziehen. Das bedeutet, dass technische Merkmale und Besonderheiten der Programmierung von Instagram, betriebswirtschaftlich ausgerichtete Geschäftsmodelle hinter YouTube und Facebook oder rechtliche Feinheiten im Umgang mit Wikipedia nicht im Vordergrund stehen. Stattdessen soll an verschiedenen Entwicklungen verdeutlicht werden, welche Nutzungs-

weisen und Einsatzzwecke diese Medientechnologien ermöglichen und welche Auswirkungen diese Praktiken auf den
Einzelnen und auf die Gesellschaft haben.

2. Aufbau des Bandes

Zugespitzt formuliert, lässt sich die Kommunikationswissenschaft auf zwei einfache, aber grundsätzliche Fragen reduzieren: Was machen die Menschen mit den Medien? Und was machen die Medien mit den Menschen?

Erst in der Zusammenschau beider Fragen ergibt sich ein vollständiges Bild davon, wie tief Medien – und damit auch die sozialen Medien des Internets – in unseren Kommunikationsalltag eingreifen. Der Blick allein auf die Medienangebote und ihre technische Gestaltung wäre verkürzt, denn Medien haben, wie alle anderen Technologien auch, nicht von allein und automatisch bestimmte Wirkungen. Man kann also, anders gesagt, nicht einfach aus den technischen Funktionen und Merkmalen einer Plattform wie Facebook ableiten, welche Konsequenzen sie für den Einzelnen und die Gesellschaft haben wird. Denn Menschen verwenden Medien immer in konkreten Situationen, in denen auch noch andere Einflüsse wirken. Dazu gehören zum Beispiel die Kommunikationsabsichten, das Wissen und die Fertigkeiten des Nutzers oder auch soziale Werte und Normen der beteiligten Personen. Mediennutzung ist also immer »gerahmt« von weiter reichenden persönlichen Eigenschaften und gesellschaftlichen Bedingungen.

Umgekehrt wäre es aber auch verkürzt, den Medien gar keine prägende Kraft zuzubilligen. Medien erweitern die Handlungsspielräume von Menschen, weil sie Kommunikation über räumliche und/oder über zeitliche Entfernungen hinweg möglich machen. Digitale Medien haben die zusätzliche Besonderheit, dass sie »programmiert« sind, also auf vorher festgelegten Anweisungen für die Verarbeitung von Daten beruhen. Diese Anweisungen bzw. die Software-Programme können mehr oder weniger komplex und mehr oder weniger offen für Anpassungen sein. Es beeinflusst das Handeln der Nutzer maßgeblich, wie eine bestimmte Plattform gestaltet ist, welche Funktionen sie anbietet und welche nicht, nicht zuletzt auch welche Voreinstellungen und Filterkriterien quasi »unsichtbar« in die zugrunde liegende Software einprogrammiert sind. Wir werden im Laufe des Buches immer wieder auf entsprechende Prinzipien und ihre Folgen zurückkommen.

Eine letzte Vorbemerkung: In Diskussionen über das Internet und seine gesellschaftlichen Auswirkungen herrscht bisweilen noch die Vorstellung, es entstehe eine separate »virtuelle Realität«, die vom »echten Leben« – also dem, was außerhalb des Internets passiert – getrennt sei. Dies knüpft an Science-Fiction-Literatur, Filme und Kunstwerke an, die bereits in den 1980er und 1990er Jahren die Idee eines »Cyberspace« entworfen haben: eine eigene Welt, die vollständig durch Computer simuliert und präsentiert wird und in die Menschen buchstäblich eintauchen, wo sie sich aber auch ganz anders präsentieren als in Wirklichkeit. Diese Vorstellung hält sich hartnäckig, und das Internet bietet auch Möglichkeiten, die dem recht nahe kommen; man denke zum Beispiel an die fiktiven Welten von Online-Computerspielen wie »World of Warcraft«.

Doch das Internet ist ganz und gar nicht virtuell, sondern völlig real: Was Menschen im Internet tun, hat echte Konsequenzen, und sei es nur Ärger, Freude oder Stolz, den die Person vor dem Bildschirm fühlt und nicht irgendeine computergenerierte Verkörperung. Und gerade die sozialen Medien sind, wie die folgenden Kapitel zeigen, längst normaler Bestandteil des Alltags vieler Menschen: Sie handeln dort unter ihrem echten Namen, sie pflegen Kontakte zu echten Freunden und echten Kollegen, und sie informieren sich über echte Anliegen, Hobbys und Ereignisse. Sprachlich hat sich im Deutschen eingebürgert, dass wir das Internet und seine Angebote mit räumlichen Begriffen beschreiben und zum Beispiel sagen, dass wir *im* Netz sind oder einen Chat*room betreten*. Doch diese Formulierungen und Metaphern sollten uns nicht dazu verleiten, das Internet als separate Realität anzusehen.

Wenn also in diesem Buch von den sozialen Medien die Rede ist, sollten wir immer gewisse Annahmen und Grundlagen im Hinterkopf behalten: Soziale Medien entfalten erst im Zusammenspiel mit Menschen, die sie für ihre Zwecke einsetzen, ihre Wirkung. Und diese Wirkung ist Teil unseres alltäglichen Lebens, nicht auf eine virtuelle Realität beschränkt. Vor diesem Hintergrund sind die folgenden Seiten zu lesen, die sich jeweils einer eigenen Leitfrage widmen. Es beginnt in Kapitel 3 mit der gesellschaftlich intensiv diskutierten Frage, ob soziale Medien wie Facebook oder Twitter die Privatsphäre verschwinden lassen. Dazu werden Besonderheiten der Selbstdarstellung und Beziehungspflege im Internet erläutert und beschrieben, wie die sozialen Medien einen eigenen Typ von Öffentlichkeit schaffen. Dies leitet über zu Kapitel 4, das sich der Frage widmet, ob durch soziale Medien nun jeder zum Journalisten wird. Das Internet hat einen großen Einfluss für die bislang dominierenden Massenmedien, doch bei näherem Hinsehen erkennt man, dass die sozialen Medien den Journalismus nicht verdrängen, sondern vielmehr ergänzen und erweitern.

Aus diesen Entwicklungen resultieren aber auch neue Probleme, die die Ordnung von Informationen und Wissen betreffen. In Kapitel 5 wird beleuchtet, welchen Einfluss soziale Medien auf die Meinungsbildung bei gesellschaftlich relevanten Themen haben und wie in diesem Zusammenhang Sorgen vor »Filterblasen«, »Echokammern« oder »Social Bots« zu beurteilen sind. Kapitel 6 fragt anschließend, ob soziale Medien Wissen von allen für alle bringen können. Diese Frage berührt nicht zuletzt eines der großen Versprechen sozialer Medien, nämlich Partizipation und Teilhabe zu fördern. Kapitel 7 stellt die optimistischen und die pessimistischen Positionen gegenüber und fragt: Fördern die sozialen Medien Partizipation und Teilhabe – oder Überwachung und Kontrolle? Das abschließende Kapitel 8 zieht ein Fazit und erinnert daran, dass wir es als Einzelne und als Gesellschaft in der Hand haben, wie sich soziale Medien weiter entwickeln werden.

3. Selbstdarstellung und Privatsphäre in sozialen Medien

Viele Menschen nutzen soziale Medien, um Informationen über ihre eigenen Interessen, Erlebnisse und Meinungen mit anderen zu teilen. Dieses Kapitel erläutert, warum dadurch ein neuer Typ von Öffentlichkeit entsteht und wie diese »persönlichen Öffentlichkeiten« unser Verständnis von Privatsphäre auf die Probe stellen. Eine Reihe von Eigenschaften der sozialen Medien führen nämlich dazu, dass es uns schwer fällt, Reichweite und Größe des Publikums unserer Kommunikation einzuschätzen. Um die Grenzen zwischen Privatsphäre und Öffentlichkeit zu ziehen, sind daher technische Mittel und angepasste soziale Normen und Verhaltensweisen notwendig.

Wenn ich jetzt, beim Schreiben dieser Zeilen, auf Facebook schaue, sehe ich unter anderem Folgendes:

Ein Bekannter hat ein Video vom Flug seiner eigenen Drohne über hessische Hügellandschaften hochgeladen und fachsimpelt nun in den Kommentaren mit einigen seiner Freunde über die Vorzüge unterschiedlicher Modelle. Ein Social-Media-Berater, den ich nur über das Internet kenne, veröffentlicht drei (züchtige) Fotos vom Junggesellenabschied seines besten Freundes, und direkt darunter empfiehlt die Freundin der Mutter meines Schwagers voller Enthusiasmus eine Ferienwohnung in Frankreich. Ich scrolle weiter und finde ein weiteres Video, in dem ein Kollege einer anderen Universität in knapp vier Minuten einige politikwissenschaftliche Erkenntnisse zu »Filterblasen« präsentiert. Ein bekannter Blogger hat aus einer App heraus automatisch die Joggingstrecke gepostet, die er heute Morgen lief. Darauf folgt das Foto eines Geburtstagstischs, geschossen von einer ehemaligen Kommilitonin von mir. Außerdem finden sich halb resignierte Hinweise auf die neuesten Aussetzer von Donald Trump; das Angebot, einen gut erhaltenen IKEA-Tisch an Selbstabholer in Berlin zu verschenken; ich kann mir Fotos aus dem Sommertrainingslager des HSV ansehen, und auch 14 Tage nach dem G20-Gipfel in Hamburg diskutieren verschiedene Gruppen in meinem Facebook-Umfeld über die Polizeigewalt, zu der es während der drei Tage kam.

Mein letzter eigener Eintrag ist schon ein paar Tage her. Ich hatte in die Runde gefragt, ob unter meinen Kontakten auch bloggende Eltern zu finden sind, die einer Studentin von mir einige Fragen für ihre Masterarbeit beantworten wollen. Außerdem rief mir Facebook einen sechs Jahre alten Eintrag in Erinnerung, den ich ein weiteres Mal mit meinem Netzwerk teilte. Zu sehen war ein Foto von zwei Titelseiten der Hamburger Morgenpost, die im Juli 2011 erst »Die Facebook-Trottel von der CDU« und am Folgetag »Angst im Dorf der Facebook-Trottel!« schlagzeilte. Was war geschehen? Die CDU Hasloh hatte ihr alljährliches Sommerfest auch als Facebook-Event beworben, aber nicht bedacht, dass sich diese Einladung sehr leicht weiter verbreiten ließ. Als sich mehrere hundert Fremde auf der Facebook-Seite für das Sommerfest angemeldet hatten, wurde die Veranstaltung sicherheitshalber abgesagt. Doch den Spott hatte der Ortsverband schon weg …

Dieser Einblick in meinen eigenen »News feed«, wie die Startseite von Facebook heißt, ist durchaus typisch. Politische und private Themen, gesellschaftlich Relevantes und persönliche Beobachtungen wechseln sich ab, und ich kann Informationen aus unterschiedlichen sozialen Kreisen, in die ich eingebunden bin, auffinden und bei Interesse selbst weiterverbreiten. Doch was bringt Menschen dazu, durchaus persönliche Informationen (wie Geburtstagsgeschenke, Junggesellenabschiede oder Urlaubsempfehlungen) im Internet zu veröffentlichen? Handelt es sich dabei nicht um eine neue Form der Selbstentblößung und des »Cyber-Exhibitionismus« von Menschen, denen ihre Privatsphäre scheinbar nichts mehr wert ist? Diese Frage berührt einen der wesentlichen Aspekte des gegenwärtigen Medienwandels, und sie wird gesamtgesellschaftlich, auf Titelseiten von Wochenzeitungen oder in Fernsehtalkshows, aber auch in Familien, Schulen oder Unternehmen vehement diskutiert.

Dieses Kapitel skizziert eine kommunikationswissenschaftliche Antwort, die – kurz gesagt – darin besteht, dass die sozialen Medien einen neuen Typ von Öffentlichkeit hervorbringen, der bisherige Grenzen zwischen dem Privaten und dem Öffentlichen auflöst. Zugleich bilden sich neue gesellschaftliche Normen und Erwartungen im Umgang mit dieser neuen Form von Öffentlichkeit erst langsam heraus. Es handelt sich um ein durchaus komplexes Argument, das daher in drei Anläufen entfaltet und dargelegt wird.

Persönliche Öffentlichkeiten

Ausgangspunkt ist der bereits im einleitenden Kapitel beschriebene Umstand, dass das Internet im Allgemeinen und die sozialen Medien im Speziellen die technischen Hürden deutlich senken, die vor der Weitergabe von Informationen an andere zu überwinden sind. Dies bedeutet auch, dass die Verbreitung von Informationen nicht mehr zwingend daran gekoppelt ist, dass sie für möglichst viele Menschen relevant sein sollte. Unter alten (massen-)medialen Bedingungen war ein relativ großer technischer und personeller Aufwand nö-

tig, um Informationen zu verbreiten: Man brauchte Sende-
masten oder Druckerpressen, Radio- und Fernsehgeräte und
Zeitungsausträger. Auswahl und Aufbereitung von Informationen war in Redaktionen organisiert, in denen Journalisten nach etablierten Kriterien, den sogenannten Nachrichtenfaktoren, entschieden, welche Ereignisse den Weg in die
Lokalzeitung oder die Abendnachrichten fanden und welche
nicht.

Journalistisch-publizistische Massenmedien existieren
nach wie vor, und in Kapitel 4 wird geschildert, warum sie
ihre Bedeutung nicht verloren haben. Aber mit dem Aufkom-
men von Weblogs in der Mitte der 2000er Jahre, kurz darauf
von YouTube, Facebook und Twitter, sind Kommunikationsräume im Internet entstanden, die eine andere Logik der Auswahl und Aufbereitung von Informationen unterstützen. Die
erste Antwort auf die Ausgangsfrage »Warum machen das die
Menschen?« ist also tatsächlich recht banal: »Weil sie es können«. Etwas weniger banal ausgedrückt: Die sozialen Medien
machen es möglich, dass sich ihre Nutzerinnen und Nutzer
eigene persönliche Öffentlichkeiten schaffen, die in drei wesentlichen Merkmalen von journalistisch-publizistischen Öffentlichkeiten der Massenmedien abweichen:

1. In persönlichen Öffentlichkeiten gelten andere Auswahl-
   kriterien, denn in ihnen wird vorrangig nach *persönlicher
   Relevanz* entschieden, ob eine Information gebloggt, get-
   wittert oder auf Facebook eingestellt wird. Ob ein Gedanke, ein Foto, ein Erlebnis oder eine Meinung mitteilenswert
   ist, entscheiden die Nutzer jeweils individuell. Dabei kann
   es Überlappungen mit den Themen geben, über die auch
   Journalisten berichten würden, und oft sind publizistische
   Inhalte – also Artikel oder Videos von journalistischen
   Medien – Anlass für einen eigenen Beitrag. Aber die Ge-
   burtstagsüberraschung vom Ehemann, die Fotos von der
   Urlaubsreise oder die Freude über den anstehenden Kon-

zertbesuch besitzen möglicherweise genauso große Relevanz und werden deshalb ebenfalls »geteilt«, also mit
anderen ausgetauscht.

2. Damit eng verbunden ist das zweite bestimmende Merkmal von persönlichen Öffentlichkeiten: Das Zielpublikum
für Informationen ist nicht die breite Masse, die die Tageszeitung oder die Abendnachrichten im Fernsehen erreichen wollen. Es ist vielmehr das *eigene soziale Netzwerk*
aus Freunden, Bekannten oder Kollegen, die ein Nutzer zu
seinen »Facebookfreunden« zählt oder von denen er weiß,
dass sie das eigene Blog oder den Instagram-Account verfolgen. Eine Reihe von Studien haben inzwischen belegt,
dass die meisten Menschen gerade auf Facebook vor allem
bereits bestehende Kontakte abbilden, also sich mit Personen vernetzen, die sie aus dem »echten Leben« kennen.
Das Publikum persönlicher Öffentlichkeiten ist mithin
kleiner als das Massenpublikum journalistischer Medien –
und es ist auch nicht so weit verstreut und unverbunden.
Vielmehr handelt es sich um ein buchstäblich »vernetztes
Publikum«, da nicht nur zwischen mir und meinen Kontakten auf Facebook Beziehungen bestehen, sondern auch
zwischen einzelnen meiner Kontakte, die sich ebenfalls aus
Schulzeiten, einem Sportverein oder dem Job kennen.

3. Schließlich herrscht in persönlichen Öffentlichkeiten
ein anderer Kommunikationsmodus. Während journalistische Medien »publizieren«, also Informationen von
gesellschaftlicher Relevanz einem möglichst breiten Publikum zugänglich machen, sind soziale Medien auf *Konversation* ausgerichtet. In den Kommentaren zu einem
Blogbeitrag oder einem Eintrag auf Facebook melden sich
andere zu Wort, ergänzen, loben oder kritisieren das Geschriebene, freuen sich über schöne Erlebnisse oder drü-
cken Mitgefühl über alltägliche Ärgernisse aus. Mit dem
»Gefällt mir«-Button und (seit Anfang 2016) fünf weiteren »Emoji«-Symbolen bietet Facebook weitere soziale

Signale an, die aus einer einseitigen »Ich sende, du emp-
fängst«-Kommunikation einen wechselseitigen Austausch
machen: »Du teilst etwas mit, ich signalisiere Freude, An-
teilnahme, Zustimmung oder Entrüstung«.

Zusammengefasst entstehen persönliche Öffentlichkeiten in
den sozialen Medien also dort, wo Menschen Informationen
von persönlicher Relevanz für ihr erweitertes soziales Netzwerk zugänglich machen und damit einen Austausch mit anderen anstoßen möchten. Am deutlichsten treten persönliche Öffentlichkeiten derzeit auf Facebook zutage, doch sie
sind nicht auf diese Plattform beschränkt. Umgekehrt sind
auch nicht alle Kommunikationen auf Facebook oder anderen sozialen Medien automatisch Teil von persönlichen Öffentlichkeiten (genauso wenig wie alles, was auf Papier gedruckt wird, automatisch eine Zeitung ist). Soziale Medien
umfassen vielmehr ein Spektrum, das von den persönlichen
Öffentlichkeiten einzelner Privatpersonen über semi-profes-
sionell betriebene Angebote bis hin zu den Profilen von Musikern, Politikern, Sportlern oder anderen Prominenten reicht.
Hinzu kommen die Social-Media-Auftritte von Unternehmen
und Marken, von journalistischen Medien und von Nicht-
regierungsorganisationen wie Greenpeace oder Amnesty International, von Universitäten und Kirchengemeinden.

Für den Einzelnen macht gerade das den Reiz der sozialen Medien aus: Sie bieten Plattformen, um sich über diejenigen Themen und Ereignisse zu informieren und auszutauschen, die ihn persönlich interessieren – und zwar nicht mit
einer Masse unbekannter Personen, sondern mit dem eigenen sozialen Netzwerk. Wer auf Facebook Persönliches mit-
teilt, handelt daher nicht – Ausnahmen bestätigen hier sicher-
lich die Regel – aus exhibitionistischer Neigung, sondern um
soziale Beziehungen zu pflegen. Dieser Unterschied zu unserem bisherigen Verständnis von öffentlicher Kommunikation
kann gar nicht stark genug betont werden: *Journalistische Me-*

dien schaffen gesellschaftliche Öffentlichkeit für Themen von breiter Relevanz, *soziale Medien ermöglichen persönliche Öffentlichkeiten,* in denen Menschen mit ihrem sozialen Umfeld in Kontakt bleiben können.

Selbstdarstellung und vorgestelltes Publikum

Mit diesem Verständnis des besonderen (und medienhistorisch neuen) Typs von Öffentlichkeit, der auf Grundlage sozialer Medien entsteht, können wir die Ausgangsfrage nach der Privatsphäre ein zweites Mal stellen. Warum also geben Menschen auf Facebook, Instagram, Twitter oder in Blogs persönliche Dinge von sich preis? Die Antwort im zweiten Anlauf lautet: Sie tun dies erstens, weil in den persönlichen Öffentlichkeiten die Selbstdarstellung, das Preisgeben von Informationen über die eigene Person, zwingende Voraussetzung ist, um mit dem eigenen Netzwerk in Kontakt zu bleiben. Nur wer etwas von sich (mit-)teilt, wird sichtbar und erlaubt es anderen, darauf zu reagieren und in eine Konversation einzutreten. Diese Dialoge müssen nicht immer tiefschürfend oder ausgefeilt sein, sondern sie ähneln oft dem Smalltalk und lockeren Geplauder, das wir an vielen anderen Stellen unseres Alltags pflegen – auch beim Bäcker, über den Gartenzaun oder im Großraumwagen des ICE führen wir Gespräche über Alltägliches und Persönliches, und mit alten Freunden oder entfernten Bekannten tauschen wir uns immer mal wieder über Ereignisse in unserem Leben aus.

Und zweitens kommt hinzu: Gerade weil persönliche Öffentlichkeiten dazu dienen, bereits bestehende soziale Beziehungen zu pflegen, gilt in ihnen das Leitbild der Authentizität. Nutzer erwarten voneinander, dass sie sich »echt« darstellen, also keine gefälschten oder fiktiven Identitäten annehmen. Das »Fake-Profil« hingegen, das eine andere Identität vortäuscht, verletzt diese grundlegende Norm und ist oft mit problematischen Einsatzzwecken verbunden – nämlich aus PR-Zwecken Zustimmung oder Popularität für ein Produkt oder einen Politiker größer erscheinen zu lassen oder auch andere Nutzer arglistig zu täuschen oder gar zu mobben. Die Leiterwartung der Authentizität, die auch die Vorstellung von echter und wahrhaftiger Kommunikation einschließt, gilt nicht nur im Umgang der Nutzer untereinander. Sie ist auch in den Geschäftsbedingungen und Verhaltensregeln vieler Plattformbetreiber niedergelegt. Diese verlangen beispielsweise, sich mit seinem echten Namen zu registrieren, oder stellen Möglichkeiten zur Verfügung, entdeckte Fake-Profile zu melden.

Das Offenlegen und Mitteilen von Informationen über einen selbst ist somit wesentlicher Bestandteil von persönlichen Öffentlichkeiten. Die Betonung von Authentizität schließt dabei nicht aus, dass sich Nutzer gezielt inszenieren – ganz im Gegenteil! Da man weiß, dass Freunde oder Kollegen die eigenen Fotos, Erlebnisse oder Ideen zu Gesicht bekommen und direkt darauf reagieren können, richtet man das eigene Verhalten zum Teil auch an deren erwarteten Reaktionen aus. Bestimmte Fotos teilen wir lieber nicht auf Facebook, weil sie uns peinlich sind; bestimmte Informationen schreiben wir nicht auf unsere Profilseite, weil wir auch den Chef (oder die Mutter oder den Ex-Freund) unter unseren Kontakten haben. In anderen Fällen äußern wir unsere Meinung zu politischen Themen, weil wir Stellung beziehen und unseren Freundeskreis von etwas überzeugen möchten; wir verlinken einen Artikel oder ein YouTube-Video, weil wir diese den eigenen Kontakten empfehlen möchten; wir schreiben von unseren Erlebnissen bei der letzten Party, um sich noch einmal im Freundeskreis daran zu erinnern, wie legendär (oder langweilig) diese Feier doch war.

Zur Selbstdarstellung in persönlichen Öffentlichkeiten gehört also immer auch ein mehr oder weniger aktiv betriebenes »Management von Eindrücken«, wie man das englische

»impression management« übersetzen könnte. Diesen Begriff hat der amerikanische Soziologe Erving Goffman bereits in den 1950er Jahren geprägt – damals vor allem auf Situationen bezogen, in denen Menschen von Angesicht zu Angesicht kommunizieren. Er wollte ausdrücken, dass jeder von uns in sozialen Situationen, also in der Begegnung oder dem medienvermittelten Austausch mit anderen, bestimmte Persönlichkeitsfacetten in den Vordergrund stellt und andere ausblendet. Wir tun dies, weil wir immer in bestimmten Rollen handeln, ob als beruflicher Experte, als Fan eines Sportvereins, als Mitglied eine Kirche, als politischer Aktivist, als Familienmitglied, etc. Mit diesen Rollen sind jeweils Erwartungen verbunden, die das jeweilige Umfeld an das eigene Auftreten stellt.

Die sozialen Medien machen hier keine Ausnahme: Auch dort rahmen unsere unterschiedlichen sozialen Rollen das Handeln, indem sie uns (unter anderem) Erwartungen und Routinen für unsere Selbstdarstellung vorgeben. Auf einer Plattform für berufliches Networking werden wir zum Beispiel vor allem mit Kollegen, Geschäftspartnern oder potentiellen Arbeitgebern zu tun haben. Daher stellen wir dort vor allem unsere Qualifikationen und Erfahrungen heraus und wählen ein seriöses Profilbild; ausführliche Schilderungen unserer Freizeitaktivitäten und ein Urlaubsschnappschuss wären dort fehl am Platze. In einer Umgebung hingegen, in der wir Freundschaften und private Bekanntschaften pflegen, würde diese berufliche Selbstdarstellung vermutlich unpassend wirken, uns eventuell sogar spöttische Kommentare einbringen.

Soziale Medien verdeutlichen somit die grundlegende soziologische Erkenntnis, dass Menschen ihre eigene Identität immer nur im Wechselspiel mit ihrer gesellschaftlichen Umwelt herausbilden können. In persönlichen Öffentlichkeiten drückt sich die eigene Identität aus, und zwar sowohl im Sinne von »Wer bin ich?« als auch im Sinne von »Wer möchte ich sein?« – nämlich der, der all diese Dinge erlebt, denkt und meint. Zugleich ist die eigene Identität nicht denkbar ohne das soziale Umfeld, das mir zurückspiegelt, wie ich wirke und was von mir in meinen unterschiedlichen Rollen erwartet wird. Die Kommentare und »Gefällt mir«-Angaben unter einem Eintrag sind daher immer auch soziale Signale, mit deren Hilfe Nutzer ihr eigenes Verhalten einordnen und ein Gefühl von sozialer Verbundenheit erleben können.

Dieses kommunikationssoziologische Argument, Selbstdarstellung in sozialen Medien als Bestandteil von Identitätsarbeit und Beziehungspflege zu deuten, hilft aber immer noch nicht weiter, das Unbehagen oder auch Unverständnis zu erklären, das viele Menschen mit den persönlichen Öffentlichkeiten haben. Warum machen uns die gleichen Inhalte auf Facebook Sorgen, nicht aber beim Klassentreffen, im Großraumwagen oder im Rundbrief mit beigelegten Familienfotos an Freunde und Verwandte zu Weihnachten? Wir müssen also ein drittes Mal Anlauf nehmen, um die Ausgangsfrage zu beantworten.

Menschen haben, wenn sie soziale Medien nutzen, eine bestimmte Vorstellung von ihrem Publikum: Sie wissen zumindest grob, wie viele Menschen ihr Blog lesen oder wie viele Facebook-Freunde sie haben. Sie haben auch eine mehr oder weniger konkrete Vorstellung davon, in welcher Beziehung sie zu diesen Menschen stehen: Sind es Freunde und Bekannte aus dem privaten Umfeld, oder sind auch Kollegen, Vorgesetzte oder Mitarbeiter darunter? Richtet sich das Blog oder der Twitter-Account eher an ein Fachpublikum, mit dem man spezifische Interessen teilt, oder geht es um persönliche Vorlieben und den eigenen Familienalltag? Dieses Wissen vom Publikum bleibt zwar meist eher diffus und ist vielleicht nicht immer treffgenau, aber es bietet dem Einzelnen dennoch eine grobe Orientierung für die eigene Selbstdarstellung.

Das vorgestellte Publikum dient als Maßstab für die Auswahl und Darstellung der Themen und Informationen, die man in seiner eigenen persönlichen Öffentlichkeit behandelt. Je nach Zusammensetzung unseres Kontaktnetzwerks kann dies auch bedeuten, dass unterschiedliche, ja gegensätzliche Erwartungen an die eigene Person in Balance zu bringen sind. Die Freunde erwarten dringend die Fotos von der Party, doch was ist, wenn man auf Facebook auch mit den eigenen Eltern oder mit Kollegen befreundet ist? Neben der Aufbereitung von Informationen geht es auch um den grundsätzlichen Zugang zu persönlichen Informationen. Wo die eigene Privatsphäre anfängt, lässt sich nicht klar und ein für alle Mal gültig benennen. Menschen unterscheiden sich in ihrer Einschätzung, oft verändert sich das Gefühl für die eigene Privatsphäre auch im Lauf des eigenen Lebens. Für einen Jugendlichen sind den Eltern gegenüber vielleicht Informationen über die erste Liebe höchst privat; für einen Erwachsenen sind es möglicherweise Angaben zur eigenen Gesundheit oder zum Einkommen. Die eine betrachtet die politische Einstellung oder die religiöse Überzeugung als Privatangelegenheiten, die andere macht sie aus Überzeugung öffentlich.

Angesichts dieser Schwierigkeiten, eine allgemein gültige Definition von Privatsphäre oder von privaten Informationen bzw. Daten zu geben, hat sich in Soziologie und Psychologie schon seit längerem ein anderes Verständnis durchgesetzt: Privatsphäre beginnt dort, wo ich die Kontrolle darüber habe, wer welche Informationen über mich erfahren und möglicherweise auch für andere Zwecke verwenden darf. Dieses Verständnis bedeutet, dass die Wahrung von Privatsphäre mit einer Kontrolle über das eigene Publikum einhergeht. Ich schütze meine Privatsphäre, indem ich bestimmte Informationen über mich nicht jedem offenbare oder aber durch spezielle Grenzen schütze – das können physische Grenzen wie die Wand zum Schlafzimmer oder die Hecke um den Garten sein, aber auch Grenzen des Anstands, die es zum Beispiel verbieten, ein fremdes Tagebuch zu lesen oder ungeniert durch die Wohnzimmerfenster anderer Leute zu blicken. Andersherum gilt auch: Wenn ich nicht sicher sagen kann, wer Einblick in meine persönlichen Angelegenheiten hat, werde ich meine Privatsphäre bedroht fühlen.

Die kommunikative Architektur sozialer Medien

Hier kommt nun die »kommunikative Architektur« der sozialen Medien ins Spiel. Diese Metapher drückt aus, dass die technische Gestaltung zwar keine direkten physischen Grenzen setzt, aber gleichwohl wie Mauern oder Türen die (Un-) Zugänglichkeit von Informationen regeln kann. Die kommunikative Architektur der sozialen Medien ist durch die technischen Merkmale des Internets und der darauf aufbauenden Plattformen geprägt. Allerdings interessiert uns eine mittlere Ebene, die zwischen grundlegenden Eigenschaften des Internets (zum Beispiel den Mechanismen zum Austausch von Datenpaketen zwischen Servern) und spezifischen Merkmalen einer Software (zum Beispiel welche maximale Länge ein Video haben darf, um es bei YouTube hochladen zu können) liegt. Vier Eigenschaften digitaler vernetzter Medien sind hier zu nennen:

1. Kommunikation auf Grundlage digitaler Medien ist *persistent,* also dauerhaft gespeichert. Anders als die flüchtige Bemerkung im Gespräch beim Mittagessen oder am Telefon ist das hochgeladene YouTube-Video, der rasch verfasste Kommentar zu einem Blog-Eintrag oder die Neulings-Frage in einem Expertenforum auch morgen oder nach drei Jahren noch abrufbar. Selbst wenn eine Plattform Inhalte nicht beliebig lang in die Vergangenheit darstellt oder selbst wenn Nutzer oder Betreiber einen einzelnen Eintrag löschen, so sind die Informationen doch unter Umständen noch in speziellen Archiven oder auf Backup-Kopien des Servers vorhanden. Nicht umsonst wird als Grundregel der

Onlinekommunikation vermittelt: »Was einmal im Internet steht, bleibt im Internet«.

2. Hinzu kommt, dass digital vorliegende Daten ohne Qualitätsverlust *kopierbar* sind. Es ist also ohne Probleme möglich, Fotos, Texte, Videos etc. zu duplizieren und möglicherweise an ganz anderer Stelle erneut zur Verfügung zu stellen. Für manche Informationen, zum Beispiel einen aufrüttelnden politischen Artikel oder ein lustiges Foto von Pinguinen, ist die Kopierbarkeit hilfreich; für die Urheber von Filmen oder Musikstücken aber kann die Kopierbarkeit auch existenzbedrohend sein.

3. Aus Persistenz und Kopierbarkeit folgt, dass die Reichweite von Informationen potentiell unbegrenzt ist, mit anderen Worten: Die Reichweite ist beliebig *skalierbar*. Ein Video auf YouTube kann von fünf oder von fünf Millionen Nutzern gesehen werden; ein Artikel oder Foto kann sich nach dem Schneeballprinzip massenhaft verbreiten – und möglicherweise passiert dies nicht dann, wenn sie zum ersten Mal veröffentlicht werden, sondern erst nach Wochen, Monaten oder Jahren.

4. Dies liegt wiederum daran, dass digitale Daten *durchsuchbar* sind. Mit Hilfe von Google oder plattformspezifischen Suchfunktionen lassen sich Informationen zu einem Begriff, einem Thema oder einer Person aus ganz unterschiedlichen Quellen auffinden und zusammenführen. Aufgrund der Persistenz von Daten können es auch Informationen sein, die schon längere Zeit online stehen und vom eigentlichen »Urheber« längst vergessen wurden. Das andere Extrem ist die Suche in »Echtzeit« – so kann man sich zum Beispiel auf Twitter anzeigen lassen, was andere Menschen über eine gerade laufende Sportübertragung oder Castingshow denken.

Diese vier Merkmale digitaler vernetzter Medien – Persistenz, Kopierbarkeit, Skalierbarkeit und Durchsuchbarkeit von Informationen – sind nicht grundsätzlich problematisch. Im Gegenteil, sie unterstützen auch durchaus wünschenswerte Dinge, wie die Verbreitung von Informationen über spektakuläre Ereignisse und drängende politische Themen. Aber sie erschweren zugleich die Grenzziehung zwischen Privatsphäre und Öffentlichkeit, weil sie dem Einzelnen die Kontrolle darüber entziehen oder zumindest erschweren, wer welche Informationen über ihn zu sehen bekommt.

So mag ich einen bestimmten Empfängerkreis im Sinn haben, wenn ich mich auf Instagram oder Facebook bewege. Doch wer tatsächlich von meinen Äußerungen Kenntnis nimmt, kann ich schon nicht mehr mit Sicherheit sagen, weil nicht oder nur in Grenzen ersichtlich ist, wer mein Foto sieht oder meinen Status-Eintrag liest. Solange sich diese Personen nicht selbst zu Wort melden, bleiben sie für mich unsichtbar. Solches »Lurking«, wie man das passiv bleibende »Nur-Lesen« in Online-Umgebungen auch nennt, muss nicht zwingend eine Bedrohung für die Privatsphäre sein. Vielleicht hat ein Bekannter gerade einfach nichts Substanzielles zu einer Konversation beizusteuern. Das Schweigen kann auch eine Form des taktvollen »Vorbeischauens« sein, wenn man auf Informationen stößt, die erkennbar nicht an einen selbst gerichtet sind.

Problematischer in Hinblick auf die Privatsphäre aber ist, dass man als Nutzer keine Kontrolle über das potenzielle Publikum besitzt, also über diejenigen Personen, die möglicherweise morgen oder in zwei Jahren Zugang zu den Informationen über mich haben. Die Fotoserie von der ausschweifenden Urlaubsparty mag für den momentanen Freundeskreis völlig akzeptabel sein, aber wenn man ein Jahr später den Arbeitsplatz wechselt und die neuen Kollegen zu seinen Kontakten hinzufügt, ist sie möglicherweise doch unpassend – aufgrund ihrer Persistenz aber auffindbar. Selbst wenn ich mir Mühe gebe, die verschiedenen Facetten meiner Person an unterschiedlichen Stellen im Netz zu pflegen, also beispielsweise

zwischen einem privaten Profil auf Facebook, einem beruflichen Twitter-Account und meinen Aktivitäten in einem politischen Forum trenne, kann aufgrund der Durchsuchbarkeit
diese Trennung zwischen meinen unterschiedlichen Rollen
ganz leicht wieder aufgehoben werden.

In Hinblick auf Privatsphäre erzeugen soziale Medien also
ein Dilemma. Einerseits gehört Selbstoffenbarung elemen-
tar zu persönlichen Öffentlichkeiten hinzu, andererseits fällt
aufgrund der technischen Architektur der Kommunikationsräume im Internet die Kontrolle über das Publikum für diese Selbstoffenbarung enorm schwer. Gibt es einen Ausweg
aus diesem Dilemma, das aus der mediengeschichtlich neuen
Kombination von technologischen Möglichkeiten und sozialen Normen entsteht? Ja, sogar mehrere. Aber sie sind nicht
für jeden Menschen gleichermaßen akzeptabel oder ange-
messen.

Technische Lösungen und soziale Normen

Eine radikale Haltung verbirgt sich hinter dem Schlagwort der
»post-privacy« und lautet zugespitzt: Die digitalen Medien
führen uns endgültig vor Augen, dass wir in einer Welt umfas-
sender Datenverarbeitung die Kontrolle über persönliche Informationen ohnehin schon verloren haben. Nötig sei daher,
unsere Vorstellungen von Datenschutz und Privatsphäre ganz
grundsätzlich neu zu denken und beispielsweise die Vorteile
von Transparenz und Offenheit in den Vordergrund zu stellen.
Vielen Menschen geht diese Vision allerdings zu weit, sodass
die Social-Media-Plattformen mittlerweile eine ganze Reihe
von technischen Vorrichtungen eingebaut haben, mit denen
sich die Reichweite von Informationen steuern lässt.

Solche »Privatsphäreeinstellungen« erlauben es beispielsweise, für einzelne Einträge oder Fotos auf Facebook anzugeben, ob diese plattformweit oder nur für die eigenen bestä-

tigten Kontakte zugänglich sein sollen. Zudem kann man die
Personen innerhalb seines Kontaktnetzwerks selbst definierten Gruppen (z.B. »enge Freunde« oder »Abschlussfahrt
1999«) zuweisen und so zu feineren Abstufungen gelangen.
Auf YouTube lassen sich Videos aus Suchabfragen ausschließen, sodass nur diejenigen Personen darauf Zugriff haben, die
die eindeutige Web-Adresse des Videos kennen. Und manche
Blogplattformen bieten die Möglichkeit, das ganze Blog oder
auch einzelne Einträge passwortgeschützt zu veröffentlichen.

Die genannten Beispiele betreffen Möglichkeiten zur technisch unterstützten Regelung des Zugangs zu Informationen,
die jeweils für einzelne Plattformen gelten. Darüber hinaus
diskutieren Politiker, Datenschützer und Internet-Aktivis-
ten unter Slogans wie »Recht auf Vergessen« oder der grif-
figen Formulierung vom »digitalen Radiergummi« seit einigen Jahren bereits weiterführende und internetübergreifende
technische Lösungen, um die Probleme der dauerhaften Ver-
fügbarkeit von persönlichen Daten zu mindern. So kursie-
ren Vorschläge, persönliche Daten mit einem Verfallsdatum
zu versehen, sodass sie nach einer gewissen Zeit – sollte der
Nutzer sie nicht explizit wieder bestätigen – automatisch gelöscht werden.

Diese Ideen greifen sehr grundlegend in die technische
Gestaltung des Internets ein. Viele Experten bezweifeln auch,
dass sie sich zufriedenstellend werden umsetzen lassen. So
können sie nicht verhindern, dass innerhalb der Zugänglichkeit einer Information oder eines Fotos davon wiederum (digitale oder analoge) Kopien gemacht werden, zum Beispiel
durch ein Foto vom Bildschirm. Zudem werfen sie eine Reihe von neuen Fragen auf: Wie könnte sichergestellt werden,
dass Archive oder andere Einrichtungen, die sich dem kul-
turellen Erinnern widmen, auch digital vorliegende Informationen bewahren und zugänglich machen können? Wie ist
mit Informationen über Personen von öffentlichem Interesse
zu verfahren, die diese gerne verbergen möchten? Wer soll-

te im Freundeskreis bestimmen dürfen, wann das Foto »verfällt«, auf dem man gemeinsam beim Konzert zu sehen ist? Und wem der beiden Noch-Singles gehört die Facebook-Meldung, dass das erste Date vielversprechend verlaufen sei?

Diese Fragen zeigen erneut, dass sich die Grenze zwischen »privat« und »öffentlich« nicht eindeutig und ein für alle Mal ziehen lässt. Technische Lösungen mögen noch so ausgefeilt sein, werden letztlich aber immer an ihre Grenze stoßen, wenn es darum geht, den Facettenreichtum und die Nuanciertheit des sozialen Lebens abzubilden. Menschen entscheiden nur selten nach einem vorab definierbaren Kriterienkatalog, was sie wem in welcher Situation offenbaren. Und die Vorstellung, man könne seinen gesamten Freundes- und Bekanntenkreis in klar abgrenzbare Gruppen einteilen und sortieren, hat zwar aus Sicht von Softwareprogrammierern ihren Charme. Tatsächlich aber gibt es so viele Abstufungen zwischen »besten Freunden«, »engen Freunden«, »Bekannten« oder »früheren Freunden, mit denen man sich auseinandergelebt hat«, dass man letztlich nur damit beschäftigt wäre, die eigenen Kontakte ständig neu zu sortieren. Zudem hat man nicht immer eine stabile Vorstellung von der Nähe und Qualität einer Beziehung, bevor man entscheidet, was man offenbart. Manchmal ist es ja eher anders herum: Man teilt bislang als privat empfundene Informationen miteinander, zum Beispiel aus einer Laune heraus oder als Signal des Vertrauens, und drückt dadurch erst die Qualität einer Beziehung aus.

Technische Vorrichtungen zum Schutz der Privatsphäre werden daher immer durch soziale Regeln ergänzt und gerahmt werden. Damit sind nicht nur die formalen, niedergeschriebenen Regeln gemeint, die sich in Gesetzen oder allgemeinen Geschäftsbedingungen finden. Vielmehr umfassen sie auch all die Nutzungsweisen und daran gekoppelten Erwartungen, die Menschen teilen und an denen sie ihr eigenes Handeln ausrichten. Sie bleiben meist unausgesprochen, sofern sie eingehalten werden. Bricht jemand aber diese sozialen

Normen und handelt nicht gemäß den Erwartungen an »richtige« Selbstoffenbarung oder Zurückhaltung, kann es zu Irritationen kommen. Oft führt das zu einer Debatte, in der bestehende Normen bestätigt werden.

Die regelmäßig auftretenden Diskussionen um Partyfotos oder andere allzu freizügige Selbstoffenbarungen von Jugendlichen auf Facebook oder Instagram lassen sich in diesem Licht deuten. Aus Sicht vieler Erwachsener, die Jugendlichen das Feiern und Über-die-Stränge-schlagen grundsätzlich zugestehen, verletzen diese dennoch soziale Normen. Die Partygänger machen Verhalten publik, das in späteren beruflichen Situationen schädigend auf sie zurückfallen könnte. Der Appell an Jugendliche, solche Fotos nicht im Internet zu veröffentlichen, bestärkt also die soziale Norm, sich in der Öffentlichkeit nicht gehen zu lassen und schamlos darzustellen. Jugendliche übernehmen diese Norm, wenn sie zum Beispiel in Cliquen oder bei Parties vereinbaren, manche Fotos nicht online zu stellen oder zumindest die darauf abgebildeten Personen vorher um Einwilligung zu bitten.

Medientechnische Innovationen sind aber immer auch Anlass, dass sich soziale Normen allmählich verändern und den neuen Kommunikationsformen anpassen. Um beim Beispiel der Partyerlebnisse von Jugendlichen zu bleiben: Eine Reaktion der Jugendlichen könnte darin bestehen, auf neue Ausdrucksformen auszuweichen, auf Anspielungen und Andeutungen oder auf Slang und Wortneuschöpfungen. Sie sind für den Eingeweihten verständlich, aber für Außenstehende – die Eltern und Lehrer genauso wie den Personalchef der Zukunft – nicht zu entziffern. In diesem Fall würden die unter Erwachsenen weiterhin geltenden Normen für die Selbstdarstellung auch von Jugendlichen vordergründig eingehalten werden, ohne dass sie in der Kommunikation untereinander auf solche Schilderungen verzichten müssten.

Denkbar ist aber auch, dass sich gesamtgesellschaftliche Normen schleichend wandeln. Einen ähnlichen Prozess konnten wir bei der Etablierung von Mobiltelefonen beobachten. Vor nicht allzu langer Zeit, in den späten 1990er Jahren, gab es ausufernde Diskussion darüber, wie mit den Mobiltelefonen das Private in den öffentlichen Raum eindringe und wie Menschen die Scham verlören, persönliche Angelegenheiten vor Unbekannten am Telefon zu besprechen. Inzwischen hat sich die Lage beruhigt, weil sich neue Normen und Erwartungen etabliert haben. Das Telefonieren in der Öffentlichkeit wird in der Regel akzeptiert, aber es gibt Konventionen und auch deutliche Signale, wann es das soziale Miteinander stört: Im Kino oder Theater wird darauf hingewiesen, das Handy auszuschalten (und wessen Telefon dennoch klingelt, der riskiert den Rauswurf, zumindest aber den Spott der anderen); in Zügen gibt es Ruheabteile, und manche Restaurants bitten ihre Gäste darum, auf das Telefonieren zu verzichten.

Über Selbstdarstellung in den sozialen Medien werden wir wohl in wenigen Jahren ähnlich denken. Um eine Prognose zu wagen: Es wird in Zukunft normal und gesellschaftlich akzeptiert sein, dass über einen Menschen auch private Dinge im Internet zu finden sind, wenngleich bestimmte Grenzen, zum Beispiel zu intimen Themen, weiterhin gelten. Die meisten Menschen werden gelernt haben, über bestimmte Dinge hinwegzusehen. Sie wissen, dass sich viele Informationen in den persönlichen Öffentlichkeiten von fremden Personen eben nicht an sie richten, sondern an deren Freunde und Bekannte des Urhebers. Möglicherweise wird es auch soweit kommen, dass das gezielte Recherchieren und »Ausspähen« von persönlichen Informationen, zum Beispiel vor Bewerbungsgesprächen, als digitaler Voyeurismus gelten und gesellschaftlich geächtet sein wird.

Andersherum gilt aber auch: Wer sich heute oder in Zukunft bewusst dazu entschließt, kein Profil auf einer Netzwerkplattform oder kein persönliches Blog zu haben, mag unter Umständen ein wenig sonderlich wirken. Doch die Entscheidung, seine Privatsphäre durch Distanz zu den sozialen

Medien zu wahren, wird ebenfalls akzeptiert werden. Stärker noch als heute wird nämlich das Verständnis für die technischen Möglichkeiten der Verknüpfung und Durchsuchbarkeit von Daten in den nächsten Jahren gewachsen sein.

Um die Leitfrage dieses Kapitels abschließend zu beantworten: Lassen soziale Medien die Privatsphäre verschwinden? Nein, weder als individuelles Bedürfnis noch als soziale Tatsache wird die Privatsphäre verschwinden. Aber die sozialen Medien führen dazu, dass die Grenzen zwischen Privatsphäre und Öffentlichkeit neu gezogen werden. Auf diese technisch angestoßene Entwicklung werden wir technisch, vor allem aber auch in unserem Verhalten und unseren sozialen Normen reagieren.

4. Medienöffentlichkeit und Journalismus

Auch wenn soziale Medien den Journalismus nicht ersetzen werden, haben sie dennoch spürbare Auswirkungen darauf, wie Medienöffentlichkeit entsteht. Sie beschleunigen den Informationsfluss und erlauben es ihren Nutzern, sich ein eigenes Set von Informationsquellen zusammen zu stellen. Journalistische Inhalte sind in den sozialen Medien auch zu finden, stehen dort aber neben dem Meinungsaustausch und den Kommentaren der vielen Nutzer, die sich nicht als Journalisten verstehen.

An mehreren Stellen des vorigen Kapitels wurde bereits deutlich, dass die sozialen Medien unser Verständnis von Öffentlichkeit tiefgreifend verändern. Nach den Bemerkungen zum veränderten Verhältnis von Privatsphäre und Öffentlichkeit soll in diesem Kapitel nun der Schwerpunkt auf den Veränderungen von Medienöffentlichkeit liegen – das heißt, auf den Veränderungen, die die sozialen Medien für den Journalismus mit sich bringen. Dazu muss zunächst etwas weiter ausgeholt werden. Denn um diese Veränderungen zu begreifen, ist es hilfreich, daran zu erinnern, was Medienöffentlichkeit ist und welche Rolle sie für die Gesellschaft spielt.

Massenmediale Öffentlichkeiten

Medienöffentlichkeit ist zunächst von anderen Formen oder Ebenen der Öffentlichkeit abzugrenzen, die in der Regel geringere Reichweite haben. Dazu gehört zum einen die Öffentlichkeit, wie sie in »öffentlichen Räumen«, also beispielsweise in der U-Bahn, auf dem Marktplatz oder in einem Café herrscht. Zum anderen kennen wir »öffentliche Versammlungen«, beispielsweise bei einer Bürgerinitiative oder bei politischen Demonstrationen, die für Interessierte zugänglich sind. Medienöffentlichkeit unterscheidet sich von diesen Öffentlichkeitsformen – die in sich jeweils auch Abstufungen und fließende Übergänge kennen – dadurch, dass sie eine deutlich größere Reichweite hat. Sie entsteht in und mit Hilfe von Massenmedien, also von Rundfunkmedien wie dem Fernsehen und dem Radio einerseits, Printmedien wie Tages- und Wochenzeitungen oder Magazinen andererseits (lassen wir das Internet für den Moment noch einmal beiseite).

Hinter dem vertrauten Begriff des »Massenmediums« verbirgt sich bei näherem Hinsehen ein umfangreicher und sehr ausgefeilter »Apparat«: Massenmedien benötigen Organisationen, in denen Menschen mit spezialisierten Berufen jeweils eigene Verfahren und Kriterien anwenden, um Informationen auszuwählen, aufzubereiten und zu verbreiten. Dazu greifen sie auf komplexe Technologien zurück, die die Übertragung und Wiedergabe dieser Informationen erst ermöglichen. Gerade dieser Apparat der Massenmedien verleiht Medienöffentlichkeiten ihre Stabilität. Wir können darauf vertrauen, dass eine Nachrichtensendung wie die »Tagesschau« uns verlässlich jeden Abend um 20 Uhr (und noch zu einigen anderen Zeiten) über die Welt informiert oder dass die lokale Tageszeitung jeden Morgen mit Berichten aus unserer Region erscheint.

Warum ist es für unsere Gesellschaft so wichtig, dass es die beschriebene Medienöffentlichkeit gibt? Aus verschiedenen Gründen. Zunächst einmal helfen uns Massenmedien dabei, uns in der Welt zu orientieren, indem sie Ereignisse, Themen oder politische Positionen öffentlich machen. Zugleich setzen sie diese Themen auch auf die »gesellschaftliche Agenda«: Informationen, die von den publizistischen Massenmedien aufgegriffen und verbreitet werden, können nicht nur eine gewisse Relevanz, sondern eben auch breite Bekanntheit beanspruchen. Für den Zusammenhalt in einer Gesellschaft ist dieses gemeinsame Wissen darüber, welche Themen gerade in der Öffentlichkeit sind, ganz entscheidend. Denn wenn die Massenmedien über etwas berichten, kann ich davon ausgehen, dass auch viele andere Menschen davon Kenntnis haben.

Neben dieser Leistung, die man als Themensetzungsfunktion der Massenmedien bezeichnen kann, haben journalistisch-publizistische Medien meist auch den Anspruch, Transparenz herzustellen. Sie berichten über Ereignisse, politische Vorgänge oder gesellschaftliche Anliegen, die ansonsten nicht breiter bekannt würden. Diese Aufgabe mündet in der Kritik- und Kontrollfunktion, die journalistische Medien erfüllen sollen. Sie schlägt sich zum Beispiel im investigativen Journalismus nieder, der Missstände öffentlich macht und Fehlverhalten oder Skandale aufdeckt. So stellt der Journalismus ein Gegengewicht zu Regierung und Verwaltung, aber auch zu Parlamenten und zur Rechtsprechung dar. In diesem Sinn spricht man auch von den journalistischen Medien als »Vierter Gewalt«.

Schließlich schaffen Massenmedien einen »Ort«, an dem über gesellschaftliche Werte oder politische Entscheidungen diskutiert und konstruktiv gestritten werden kann. Dies geschieht beispielsweise dort, wo in journalistischen Beiträgen unterschiedliche Positionen genannt werden und Politiker, Bürgerinitiativen oder Verbände zu Wort kommen. Während in solchen Berichten üblicherweise das journalistische Leitbild der objektiven Berichterstattung gilt, können sich Jour-

nalisten in einem Kommentar auch selbst zu Wort melden
und Stellung beziehen. Zudem konnten Leser, Hörer oder Zu-
schauer auch vor dem Internetzeitalter schon über Leserbriefe
und Anrufe ihre eigene Meinung äußern und, sofern diese gedruckt bzw. gesendet wurden, dem übrigen Publikum darstellen. So werden in den Massenmedien nicht nur Fakten, sondern auch Meinungen und Argumente sichtbar, die Bürgern
bei der Meinungsbildung helfen. Das nächste Kapitel wird
darauf noch genauer eingehen.

Wohlgemerkt: Diese Funktionen von Öffentlichkeit – The-
mensetzung, Kritik und Kontrolle sowie Forum für Diskussionen – werden nicht alle in gleichem Maße von allen Massenmedien erfüllt. Es handelt sich aber um Maßstäbe, die wir
insbesondere an nachrichtenjournalistische Medien anlegen.
Dabei machen wir keinen Unterschied zwischen Fernsehen,
Radio, bedrucktem Papier oder eben dem Internet. Wir knüpfen an diese Leistungen den öffentlichen Auftrag des Journalismus, zum Funktionieren und zum Zusammenhalt einer
Gesellschaft beizutragen.

Dass wir diese Leistungen mit den Massenmedien verbinden, ist Ergebnis einer jahrhundertelangen Entwicklung. Jür-
gen Habermas, einer der prägenden Sozial- und Kommuni-
kationsphilosophen unserer Zeit, hat diese Entwicklung in
seinem bereits 1962 erschienenen Buch »Strukturwandel der
Öffentlichkeit« beschrieben. Er arbeitete heraus, wie das Entstehen von Öffentlichkeit und die Entwicklung bürgerlich-
kapitalistischer Gesellschaften Hand in Hand gingen. Massenmedien – zunächst Zeitungen, im 20. Jahrhundert dann
die Rundfunkmedien Radio und Fernsehen – sind seiner Ar-
gumentation zufolge nicht nur Folge des technischen Fort-
schritts, sondern auch Ausdruck und Treiber des gesellschaftlichen Wandels.

Zugleich haben Habermas und andere immer wieder kri-
tisch auf Defizite der massenmedialen Öffentlichkeit hingewiesen. Damit Massenmedien die oben genannten Funk-

tionen für die Gesellschaft erbringen können, dürfen sie – jenseits von verfassungsfeindlichem Extremismus – keine Meinungen oder politischen Positionen ausschließen. Daher ist es problematisch, wenn manche Stimmen in den Massenmedien grundsätzlich kein Gehör finden. In den späten 1960er und 1970er Jahren haben sich beispielsweise zahlreiche Stadtteilmagazine, Alternativmedien und unabhängige Radiosender gegründet, die eine Gegenöffentlichkeit zu den als einseitig empfundenen Massenmedien schaffen wollten. Sie waren wichtige Foren für die sozialen Bewegungen ihrer Zeit, zum Beispiel die Friedens-, Frauen- oder Umweltbewegung.

Letztlich konnten aber auch diese Alternativmedien nicht das grundsätzliche medientechnische Dilemma beheben, dass der Informationsfluss über Massenmedien zwar Reichweite schafft, im Wesentlichen aber einseitig bleibt, also nur von »Sender« zu »Empfänger« verläuft. Bereits Bertolt Brecht hatte sich in den 1930er Jahren für das Radio einen »Rückkanal« gewünscht, über den auch das Publikum zu Wort kommen könnte. Verwirklichen ließ sich dieser Wunsch aber über Jahrzehnte hinweg nicht.

Das Internet und der Wandel von Öffentlichkeit

Nach dieser etwas längeren Vorrede können wir nun den Bogen zum Internet und den sozialen Medien schlagen. Das Internet setzt diese miteinander verschränkte Entwicklung von technischem und gesellschaftlichem Wandel fort. Es stellt, wie in Kapitel 1 erläutert, zunächst eine weitere technologische Grundlage für die Verbreitung von Informationen bereit. Auch massenmediale Organisationen nutzen diese Möglichkeit, denn Angebote wie zeit.de, pinneberger-tageblatt.de oder auch die Tagesschau-App werden von journalistischen Redaktionen bestritten. Sie erfüllen die Merkmale des professionellen Journalismus, wozu beispielsweise bestimmte Standards der Recherche und der Aufbereitung von Informationen in journalistischen Textsorten wie Berichten, Reportagen, Kommentaren oder Glossen gehören. Zudem halten sie sich – hoffentlich – alle an ethische Standards des Journalismus, darunter die Verpflichtung auf Wahrheit, Neutralität und Ausgewogenheit in der Berichterstattung.

Aber das Internet erlaubt es eben auch normalen Nutzern, Informationen zu verbreiten und unter Umständen ein Massenpublikum zu erreichen. Manche sehen daher das Zeitalter der »Bürgerjournalisten« anbrechen, in dem jeder Bürger dank Digitalkamera und Internetzugang über die Ereignisse um ihn herum berichten könne. Doch stimmt das? Machen die sozialen Medien uns alle zu Journalisten?

Die kurze Antwort: Nein. Die etwas längere Antwort: Nein, Menschen werden nicht automatisch zu Journalisten, wenn sie soziale Medien nutzen. Allerdings verliert der Journalismus sein Monopol darauf, Informationen aufzubereiten und öffentlich bereitzustellen. Mit dem Münchner Kommunikationswissenschaftler Christoph Neuberger können wir davon sprechen, dass Medienöffentlichkeit dank des Internets und der sozialen Medien nicht mehr nur auf journalistischer Vermittlungsleistung, sondern auch auf partizipativer und technischer Vermittlung beruht. An den einzelnen Schritten dieser Vermittlung kann man deutlich zeigen, wie sich die Grundlagen von Medienöffentlichkeit erweitern, wenn technische Mechanismen und Personen, die sich nicht als Journalisten verstehen, das Auswählen und Filtern, das Aufbereiten sowie das Verbreiten von Informationen mit übernehmen.

Wie nicht-journalistische Nutzer der sozialen Medien Medienöffentlichkeit erweitern, wurde bereits im vorigen Kapitel beschrieben. Das Besondere der persönlichen Öffentlichkeiten ist, dass Informationen nach Kriterien der persönlichen Relevanz ausgewählt und aufbereitet werden. Dies beinhaltet einen Schwerpunkt auf der subjektiven Schilderung und Bewertung von Ereignissen oder Themen, im Gegensatz zu den um Objektivität bemühten journalistischen Leistungen: In meinem Blog, in meinem YouTube-Kanal oder auf meiner Facebookseite kann *ich* veröffentlichen, was *ich* erlebe, denke und für wichtig halte. Bei der Wahl der Themen kann ich mich also von meinen eigenen Vorlieben und Interessen leiten lassen.

Persönliche Öffentlichkeiten folgen zudem anderen Kriterien, wenn es um die Aufbereitung und Präsentation der Themen geht. Weil persönliche Öffentlichkeiten auf Konversationen und Austausch angelegt sind, finden wir dort oft geschriebene Sprache, die stark dem gesprochenen Wort ähnelt. Sie enthält umgangssprachliche Wendungen oder Slang, eigene Abkürzungen und Emoticons wie das Smilie :-). Solche Formen sind in journalistischen Texten nicht zu finden. Bei all dem herrscht, wie im Journalismus auch, ein grundsätzlicher Anspruch auf Echtheit. Während es dort aber vor allem um faktische Wahrheit geht, steht in der persönlichen Öffentlichkeit die Wahrhaftigkeit im Vordergrund. Nutzer erwarten voneinander, dass sich niemand verstellt oder als jemand ganz anderes ausgibt, dass man nicht täuscht oder lügt, kurz: dass man sich authentisch gibt. Den Kontrast dazu bildet der »Fake«, das gefälschte Profil, das mit unaufrichtigen oder sogar bösartigen Interessen angelegt wird.

Die technische Infrastruktur, also die Softwareprogramme, Plattformen und Dienste des Internets und der sozialen Medien, bringen zusätzliche Mechanismen und Kriterien der Vermittlung ins Spiel. Die kontinuierlich anwachsende Informationsfülle des Internets, zu der journalistische Medien wie persönliche Öffentlichkeiten gleichermaßen beitragen, kann nur noch mit Hilfe solcher technischer Hilfsmittel überhaupt erschlossen werden. Daher sind unzählige Dienste und Programme im Einsatz, die automatisch, kontinuierlich und teils in Echtzeit die Informationswelten des Internet erfassen, systematisieren, kategorisieren, katalogisieren und archivieren.

Auf der Grundlage dieser technischen Vorgänge, die für die

allermeisten Nutzer unsichtbar bleiben, werden Datenbanken erstellt, die in ihrer Gesamtheit aber nicht zugänglich sind. Stattdessen entscheiden die Nutzer entsprechender Informationsdienste – das können allgemein ausgerichtete Suchmaschinen, aber auch spezialisierte Portale sein – erst durch ihre Suchanfragen, nach welchen Schlagworten oder Themen Informationen aus der Fülle ausgewählt und dargestellt werden. Vorher allerdings legen bereits die Entwickler und Betreiber des betreffenden Informationsdienstes fest, welche Quellen erfasst und in welcher Form die entsprechenden Daten gespeichert werden. Sie bestimmen zum einen also den zugänglichen Ausschnitt der Welt. Und sie bestimmen zum anderen durch die Programmierung der Sortierungsalgorithmen, wie Informationen zu einem Thema oder einer Suchabfrage geordnet und dargestellt werden.

Dieser Aspekt ist sehr wichtig, um die Besonderheit der Erweiterung von Medienöffentlichkeit durch soziale Medien zu verstehen. Ganz anders als die persönlichen Öffentlichkeiten, und stärker als der Journalismus, scheint die technische Vermittlung objektiven und neutralen Kriterien zu folgen. Aber diese Kriterien, die sich in programmierten Such-, Filter- und Sortier-Vorschriften ausdrücken, fallen nicht vom Himmel, sondern werden bewusst so gestaltet.

Dadurch kommt auch bei der technischen Vermittlung der Aspekt der Relevanz ins Spiel: Journalisten prüfen Ereignisse auf bestimmte Nachrichtenfaktoren hin (Ist es aktuell? Betrifft es viele Menschen? Ist jemand Prominentes beteiligt? etc.) und entscheiden auf dieser Grundlage, ob sie eine Nachricht veröffentlichen oder nicht. Such- und Sortieralgorithmen haben ihre eigenen Kriterien. Google beispielsweise wirft bei einer Suchanfrage nicht völlig beliebig alle jemals erfassten Webseiten aus, die den Suchbegriff enthalten. Vielmehr wird in Bruchteilen von Sekunden eine Vielzahl von Kriterien geprüft: Wie oft taucht ein Begriff auf einer Webseite auf? Ist die betreffende Seite in der Vergangenheit häufig aktualisiert worden? Und ganz wesentlich: Verweisen viele andere Seiten auf die betreffende Seite? Dahinter steckt der Gedanke, dass sich eine Verlinkung als eine Art »Stimme« für die entsprechende Zielseite verstehen lässt. Eine einzelne Seite gilt demnach als umso relevanter – und wird bei Suchanfragen tendenziell höher bzw. weiter vorne platziert sein –, je mehr andere Seiten auf sie verlinken.

Auch in den sozialen Medien, auf Twitter, YouTube oder Facebook kann ich plattformweit nach bestimmten Begriffen oder Themen suchen. Doch dort sind zwei andere Merkmale entscheidend, ob und wie mir als Nutzer eine Information angezeigt wird oder nicht: Aktualität und soziale Nähe. Letzteres wird dadurch ermittelt, ob eine andere Person, ein Unternehmen, ein Medienangebot, eine Partei o. Ä. zu meinen Kontakten gehört. In diesem Fall werden mir ihre Neuigkeiten auch angezeigt. Wenn ein solcher Kontakt aber nicht besteht, bekomme ich die Updates nicht zu sehen, außer einer meiner Kontakte leitet sie weiter, retweetet oder teilt sie, lenkt sie also auf meinen Radar. Die Informationen aus meinem Netzwerk werden, zusammen mit automatisch generierten Meldungen der Plattform (z. B. über Aktivitäten meiner Kontakte in Facebook-Spielen), nach Aktualität sortiert angezeigt, und zwar so, dass das jeweils Neueste als erstes erscheint.

Zusammen genommen ergibt sich so die besondere Form von Öffentlichkeit, die soziale Medien schaffen: Informationen erreichen den Einzelnen nicht als Pakete von Nachrichten, die zu bestimmten Zeiten nach journalistischen Kriterien ausgewählt, aufbereitet und gebündelt werden. Niemand würde sagen: »Oh, es ist 20 Uhr, ich muss mal die Abendsendung von Twitter anschauen.« Vielmehr finden wir in den sozialen Medien einen ständig aktualisierten und personalisierten Strom von Neuigkeiten vor, der dadurch bestimmt wird, welche Quellen ich vorher diesem Strom zugeführt habe. Meine eigenen Neuigkeiten und Updates wiederum speisen die

Ströme meiner Freunde und Bekannten. In der Summe tragen diese algorithmisch gesteuerten Informationsströme zum »Echtzeitweb« bei: Wir können einen Eindruck davon gewinnen, was gerade in diesem Moment, oder zumindest in den letzten Stunden, in unserem Umfeld passiert. Das Knüpfen von Kontakten und die Pflege von Freundschafts- oder Bekanntschaftsbeziehungen hat somit auch Elemente des Informationsmanagements. Denn wenn ich eine andere Person zu meinen Kontakten auf Facebook hinzufüge oder ihr auf Twitter folge, »abonniere« ich gewissermaßen auch ihre Neuigkeiten, klinke mich also in ihre persönliche Öffentlichkeit ein.

Die »vernetzten Öffentlichkeiten« der sozialen Medien werden also über drei Arten von Verknüpfungen zusammengehalten. Erstens beruhen sie auf dem Austausch von Daten zwischen miteinander vernetzten Computern. Zweitens entstehen sie in sozialen Netzwerken, also in Geflechten von menschlichen Beziehungen unterschiedlicher Enge und Nähe. Und drittens beruhen sie darauf, dass Informationen und Texte aller Art miteinander verbunden sind, sei es über Hyperlinks, über die Abfolge von Text und Kommentaren oder über die Verknüpfungen in einer Datenbank.

Kommunikation in vernetzten Öffentlichkeiten

Journalistische Inhalte und Themen sind auf unterschiedlichen Wegen in diese vernetzten Öffentlichkeiten eingebunden. In den letzten Jahren hat die Zahl der journalistischen Angebote, die eigene Profile und Accounts in den sozialen Medien betreiben, stark zugenommen. Sie bestücken Facebook-Seiten mit ihren Inhalten, weisen über eigene Twitter-Konten auf neue Artikel hin oder führen redaktionelle Weblogs. Nutzer können dadurch das Medienangebot ihrem eigenen »Radar« zufügen und sich über neue Artikel der Tagesschau oder von Spiegel Online auf dem Laufenden halten.

Aber auch ohne eigene Social-Media-Profile werden journalistische Themen in die persönlichen Öffentlichkeiten getragen, denn Nutzer verlinken und empfehlen Artikel und Beiträge auch direkt von den publizistischen Webseiten. Das Publikum wird auf diesem Weg zu einem wichtigen Multiplikator für journalistisch erstellte Inhalte. Sie sind nicht mehr nur gebündelt auf dem redaktionell zusammengestellten Onlineangebot zu finden, sondern wandern mit Hilfe der sozialen Medien in die persönlichen Öffentlichkeiten der Nutzer. Oft dient das Weiterleiten und Teilen von journalistischen Artikeln aus Nutzersicht der Empfehlung – man möchte sein Kontaktnetzwerk auf einen interessanten Bericht oder eine wichtige Eilmeldung hinweisen. Denkbar ist aber auch, dass Nutzer mit dem Verweis zusätzliche Informationen, eine kritische Haltung oder gar Widerspruch zum Thema transportieren.

Wenn viele Nutzer unabhängig voneinander eine Information, einen Hinweis auf einen Artikel oder den Link auf ein spektakuläres Video weiter verbreiten, kann rasch eine große Anzahl von Menschen erreicht werden. Vor allem in der Werbung und im Marketing spricht man in diesem Zusammenhang von »viralen Effekten«, weil die Verbreitung innerhalb eines Netzwerks ähnlichen Mustern folgt wie die Ansteckung bei Epidemien. Anders als bei der Grippe ist hier die Verbreitung aber durchaus gewünscht und wird sogar durch gezielte Kampagnen angestrebt. So kann zum Beispiel ein Unternehmen spezielle Webseiten oder Werbespots in der Hoffnung produzieren, dass Nutzer sie in den sozialen Medien massenhaft weiter empfehlen.

Ein verwandtes Phänomen, nämlich der »Shitstorm«, ist durch eine Reihe von Vorfällen aus der Politik und der Unternehmenswelt bekannt geworden. Die Wikipedia-Seite zum Begriff »Shitstorm« führt eine ganze Reihe solcher Fälle auf (und verlinkt auf weiterführende Quellen), die zum Beispiel den Lebensmittelkonzern Nestlé oder die Deutsche

Bahn, aber auch einzelne Personen (wie den Schlagersänger Michael Wendler) betreffen. Sie alle sahen sich Vorwürfen zu Geschäftpraktiken oder Werbekampagnen ausgesetzt, die als (echter oder vermeintlicher) Skandal innerhalb von kurzer Zeit von vielen Menschen thematisiert und verbreitet wurden. Zum Shitstorm wird die Empörung dann, wenn Beschimpfungen, Gehässigkeiten und Pöbeleien die Überhand gewinnen. Für die Betroffenen, aber auch für viele Außenstehende ist dieser Tonfall oft nur schwer erträglich. Hinzu kommt, dass ein Shitstorm kein »Zentrum« hat, das die Vorwürfe steuert und auch wieder bremsen könnte. Er entfaltet seine Wucht stattdessen gerade dadurch, dass sich hier eine Vielzahl von Personen auf ein Ziel »einschießt«.

Aber auch missverständliche oder klar falsche Informationen können sich dank der sozialen Medien verbreiten. So kursiert etwa auf Facebook ein Bild, das Angela Merkel mit einem jungen Syrer zeigt, der mal als angeblicher Attentäter der Brüsseler Terroranschläge vom März 2016, mal als Mittäter bei einem Mordversuch an einem Obdachlosen in Berlin bezeichnet wird. Tatsächlich handelt es sich um ein Selfie, das ein unbescholtener syrischer Flüchtling mit der Kanzlerin gemacht hatte. Doch viele Nutzer nehmen diese Richtigstellung nicht zur Kenntnis, sondern verbreiten das Foto mitsamt seinem falschen und manipulativen Kontext weiter.

In der öffentlichen Diskussion ist im Zusammenhang mit solchen Geschehnissen meist von »Fake News« die Rede. Doch zu Recht gilt der Begriff mittlerweile als zu schwammig, um wirklich hilfreich zu sein. Die Beweggründe, mit denen irreführende Informationen erstellt und in die vernetzten Öffentlichkeiten der sozialen Medien eingespeist werden, können nämlich ganz unterschiedlich ausfallen. Verschwörungstheorien oder politisch motivierte Propaganda, die gezielt Fakten nur sehr selektiv oder falsch darstellt, sind etwas anderes als »clickbait«, der nach dem Muster funktioniert: »10 aufregende Erkenntnisse über XYZ, die Ihnen bislang verschwiegen wurden. Bei Nr. 7 werden Ihnen die Haare zu Berge stehen.« Hier sind reißerische Überschriften und sensationelle Ankündigungen nur der Aufhänger, um Nutzer anzulocken und dann an den eingeblendeten Werbeanzeigen Geld zu verdienen. Davon wiederum sind Meldungen zu unterscheiden, die satirisch überspitzen oder gängige Falschmeldungen parodieren – aber hin und wieder von Menschen für bare Münze genommen werden. Und schließlich ist der Fall nicht auszuschließen, dass sich auch bei gründlicher journalistischer Recherche Fehler einschleichen oder Sachverhalte durch misslungene Formulierungen in ein falsches Licht gestellt werden.

Diese Varianten irreführender Informationen zu unterscheiden ist auch deshalb wichtig, weil es unterschiedlicher Strategien bedarf, ihnen zu begegnen. Generell lässt sich die Verbreitung von faktisch falschen Informationen auf Plattformen wie Facebook oder Twitter zunächst nur schwer unterbinden, weil es keine zentrale Instanz der redaktionellen Kontrolle gibt, sondern die Nutzer selbst über das Einstellen und Weiterverbreiten von Inhalten entscheiden. Wie wir im nächsten Kapitel ausführlicher sehen werden, tendieren manche Menschen stärker als andere dazu, Informationen nicht zu hinterfragen, wenn sie in ihr etabliertes Weltbild passen. Wer davon überzeugt ist, die Kanzlerin würde mit ihrer Flüchtlingspolitik »Deutschland abschaffen wollen«, der wird auch dazu neigen, ein Selfie von Kanzlerin und vermeintlichem Terroristen für authentisch zu halten – selbst wenn dies sich bei auch nur ansatzweisem Nachdenken als völlig absurd erweist.

Facebook hat vor diesem Hintergrund Ende 2016 angekündigt, stärker gegen irreführende Informationen vorzugehen und zum Beispiel Clickbait durch algorithmische Verfahren auszufiltern. In Hinblick auf andere Formen der »Fake News« arbeitet die Plattform mittlerweile mit externen »fact checking«-Organisationen (in Deutschland etwa dem investigativen Recherche-Team Correctiv) zusammen, um die entsprechenden Beiträge als »umstritten« zu markieren. Und außerhalb von Facebook dokumentieren Webseiten wie www.mimikama.at, hoaxmap.org oder faktenfinder.tagesschau.de zahlreiche Fälle von Falschmeldungen und stellen ihnen geprüfte Informationen gegenüber.

Doch auch wir Nutzer tragen einen Teil der Verantwortung. Denn solche Schneeballeffekte, wie sie der Verbreitung von Shitstorms oder irreführenden Informationen zugrunde liegen, sind nicht erst mit den sozialen Medien aufgekommen. Gerüchte haben sich immer schon in der zwischenmenschlichen Kommunikation verbreitet. Auch die »Mundpropaganda« ist ein altbekannter Mechanismus der Informationsweitergabe. In der Kommunikationswissenschaft ist zudem die »Anschlusskommunikation« gut erforscht: Auch Zeitungsleser, Fernsehzuschauer oder Radiohörer empfangen journalistische Beiträge nicht rein passiv, sondern greifen sie in ihren Alltagsgesprächen auf, unterhalten sich mit ihrem sozialen Umfeld über eine Fernsehsendung oder die Top-Schlagzeile des Tages. Das journalistisch gesetzte Thema liefert Gesprächsstoff, es dient als Impuls für Austausch zwischen den Menschen, die sich möglicherweise erst so eine Meinung über das berichtete Ereignis bilden.

Neu an den sozialen Medien ist aber, dass sie diese Anschlusskommunikation für andere nachvollziehbar macht. Was am Abendbrottisch, im Café oder auf dem Schulhof besprochen wurde (und wird), teilen sich die Menschen nun auch in den Kommentarbereichen unter einem Facebook-Eintrag oder auf Twitter mit. Journalisten, die diese Konversationen beobachten, können schnell einen Eindruck von der Resonanz gewinnen, die ihre Arbeit findet: Die persönlichen Öffentlichkeiten machen Kritik und Korrekturbedarf an Artikeln, aber auch Freude über eine gelungene Darstellung oder Kritik wegen vernachlässigter Themen sichtbar. Journalisten können darauf reagieren, sich in Diskussionen einklinken oder Kritikpunkte richtigstellen. Es scheint also, als sei Brechts Wunsch nach einem Rückkanal für die Sichtweisen und Meinungen des Publikums mit den sozialen Medien in Erfüllung gegangen. Dort fallen die unter massenmedialen Bedingungen weitgehend getrennten Kommunikationsmodi des »Publizierens« und der »Konversation« weitgehend zusammen.

Doch wir dürfen nicht unterschätzen, dass es deutlich erhöhten Aufwand für journalistische Redaktionen bedeutet, soziale Medien in die eigene Arbeit einzubinden. Nicht umsonst haben sich inzwischen eigenständige redaktionelle Rollen herausgebildet. Dazu zählen zum Beispiel der »Community Manager« oder der »Social Media Redakteur«. Sie machen deutlich, dass die Pflege von Profilen in den sozialen Medien, das Beobachten und Kommunizieren mit dem Publikum nicht mehr einfach nur nebenbei erledigt werden können. Denn in den sozialen Medien tummeln sich einerseits notorische Vielkommentierer und zynische Pöbler. Man findet dort andererseits aber auch Experten, die von einzelnen Themen mehr Ahnung haben als ein Journalist, oder schlaue Köpfe, die einer Diskussion weitere stichhaltige Argumente hinzufügen.

Es liegt im ureigenen Interesse der Journalisten, die letztgenannten Personen zu ermutigen, die erstgenannte Gruppe hingegen an die Grundlagen eines vernünftigen und höflichen Austauschs zu erinnern. Denn wie zu Beginn dieses Kapitels geschildert besteht eine wichtige Aufgabe des Journalismus darin, Räume für gesellschaftliche Diskussionen und den konstruktiven Streit zu schaffen. Soziale Medien eröffnen die Möglichkeit, dass der Journalismus dieser Aufgabe auch unter veränderten gesellschaftlichen Bedingungen nachkommt. Zugleich eröffnen sie einer Redaktion auch die Möglichkeit, das eigene Publikum besser kennenzulernen, wovon wiederum die journalistische Arbeit profitieren kann.

Soziale Medien machen also nicht jeden zum Journalisten.

Die allermeisten ihrer Nutzer verstehen sich nicht als Journalisten, wenn sie Informationen in ihrer eigenen persönlichen Öffentlichkeit filtern, aufbereiten und anderen zugänglich machen. Dabei greifen sie auch auf journalistische Inhalte zurück, während umgekehrt der Journalismus mittlerweile die sozialen Medien in die eigene Arbeit einbindet. Er wird durch soziale Medien also nicht abgelöst, weil er weiterhin wichtige gesellschaftliche Aufgaben erfüllt: die Bürger über aktuelle, relevante Themen zu informieren, Transparenz für Vorgänge in der Gesellschaft herzustellen und Raum für Diskussionen über gemeinsame Werte und Ziele zu schaffen. Dabei können die sozialen Medien dem Journalismus sogar behilflich sein, weil sie eine Mittlerrolle zwischen ihm und seinem Publikum einnehmen. Das nächste Kapitel greift diese Gedanken auf und beschreibt, wie und mit welchen Folgen die sozialen Medien unter diesen Bedingungen Prozesse der Meinungsbildung beeinflussen.

5. Meinungsbildung in und mit sozialen Medien

Soziale Medien erstellen selbst keine eigenen Inhalte, aber ihre technische Gestalt hat großen Einfluss darauf, wie uns Informationen erreichen und wie wir uns darauf aufbauend eine Meinung bilden. Für viele Nutzer erhöhen soziale Medien die Vielfalt verfügbarer Informationen. Doch es sind auch Entwicklungen beobachtbar, die in Filterblasen und Echokammern münden können. Zudem begünstigen sie Phänomene wie »hate speech« und »social bots«. Diese bedrohen den um wechselseitige Verständigung und Aufrichtigkeit bemühten Meinungsaustausch, den demokratische Gesellschaften benötigen.

Im Jahr 2016 haben zwei Ereignisse dafür gesorgt, dass vehement über die Rolle sozialer Medien für die politische Meinungsbildung debattiert wurde: Das Votum der britischen Bevölkerung für den Brexit sowie die Wahl von Donald Trump zum Präsidenten der USA waren nicht nur weltpolitisch einschneidend. Es handelte sich auch um vergleichsweise knappe Entscheidungen, die anders ausfielen, als vorab prognostiziert worden war. Bei der Suche nach Erklärungen kamen immer wieder die sozialen Medien zur Sprache: Dort hätten Brexit-Befürworter, auch unter Zuhilfenahme von automatisierten

Profilen (»social bots«) in großem Stile irreführende Informationen über die vermeintlichen Vorzüge des EU-Austritts verbreitet, die möglicherweise den entscheidenden Schwung an Brexit-Wählern überzeugt haben. Und Donald Trump, den manche Kommentatoren als »Twitter-Präsident« bezeichnen, hat den Kurznachrichtendienst nicht nur als Wahlkampfinstrument benutzt, sondern ist auch nach der Amtsübernahme seiner Linie treu geblieben, sich dort vorbei an den etablierten Medien (die er konstant als »fake media«, also als »Lügenpresse« verunglimpft) direkt an ein Millionenpublikum zu wenden.

Man muss aber gar nicht über den Ärmelkanal oder den Atlantik blicken. Die Parlaments- oder Präsidentenwahlen in den Niederlanden, Frankreich und Österreich etwa waren alle von einer harten Auseinandersetzung mit populistischen Kandidierenden und Strömungen dominiert, die auch und gerade in den sozialen Medien stattfand. Und in Deutschland stand zwar die heiße Phase des nächsten Bundestagswahlkampfs bei Fertigstellung dieser Neuauflage noch bevor. Doch die Popularität der AfD und der Pegida-Bewegung speist sich spätestens seit 2015 auch maßgeblich aus Gegenöffentlichkeiten, die in den sozialen Medien, insbesondere auf Facebook entstanden waren.

Medien und Meinungsbildung

Offensichtlich haben die Veränderungen von Öffentlichkeit und journalistischer Arbeit, die Gegenstand der beiden vorangegangenen Kapitel waren, auch einen wesentlichen Einfluss auf die Meinungsbildung zu gesellschaftlich relevanten Themen. Um diesen Einfluss besser beschreiben und verstehen zu können, ist es hilfreich, zunächst noch einmal grundsätzlicher zu fragen, welche Rolle Medienangebote für die Meinungsbildung der Menschen haben können.

Zunächst gilt, dass Medien Wissen vermitteln, also Informationen zu bestimmten Sachverhalten bereithalten. Diese können unterschiedlich detailliert oder tiefgehend sein, und Menschen werden manche dieser Informationen eher beiläufig oder ungeplant erhalten, andere hingegen ganz gezielt suchen und recherchieren. All dies mündet aber darin, dass Medienangebote uns dabei unterstützen, Fakten über die Welt um uns herum zu erhalten, die wir nicht aus eigener Anschauung gewinnen können.

Darüber hinaus vermitteln Medien aber auch Bewertungen bestimmter Themen und Ereignisse, und zwar in dreierlei Weise. Erstens übernehmen sie, wie im vorigen Kapitel bereits beschrieben, die Rolle, bestimmte Themen »auf die Tagesordnung zu setzen«. Medien vermitteln uns also, welche Ereignisse oder Anliegen gerade von gesellschaftlicher Relevanz sind. Wenn viele Medienangebote etwa über die Entwicklung von Flüchtlingszahlen berichten, werden Menschen dieses Thema als wichtig und drängend wahrnehmen.

Diese »Agenda Setting«-Funktion, wie es in der Kommunikationswissenschaft heißt, ist zweitens eng verbunden (aber nicht deckungsgleich) mit dem »Framing« – also der Einbettung von Informationen zu einem Thema in übergeordnete Zusammenhänge oder Deutungen. So kann die Berichterstattung über steigende (oder sinkende) Flüchtlingszahlen beispielsweise die humanitären Aspekte und die verzweifelte Situation in Bürgerkriegsländern in den Vordergrund stellen oder die finanziellen Kosten und Auswirkungen für die aufnehmenden Städte und Gemeinden thematisieren. Je nach Akzentuierung können sich auch die Einschätzungen ändern, zu denen Menschen infolge der Berichterstattung gelangen.

Drittens helfen Medien uns aber auch dabei, ein Gespür für die Verbreitung unterschiedlicher Meinungen in der Gesellschaft zu entwickeln. Wir können mit ihrer Hilfe nicht nur einen Einblick in die Vielfalt von möglichen Haltungen zu einer Frage gewinnen, sondern auch das gesellschaftliche »Meinungsklima« wahrnehmen und uns vergewissern, ob wir mit unserer Ansicht zu bestimmten Themen eher in der Minderheit sind oder dem allgemeinen Konsens anhängen – dies wurde oben allgemeiner auch als »Forumsfunktion« der journalistischen Medien beschrieben.

Die bisher genannten Aspekte betreffen notwendige Vorbedingungen für die Meinungsbildung, weil diese – zumindest im Idealfall – ja auf dem Wissen über bestimmte Sachverhalte, einer Einschätzung ihrer Relevanz sowie der Kenntnis unterschiedlicher Haltungen dazu beruht. Zwar existieren Situationen, in denen Medien direkt Einstellungen beeinflussen oder Handlungsimpulse auslösen. Prototypische Formen solcher persuasiver Kommunikation sind etwa Wahlwerbespots oder Spendenaufrufe. In vielen Fällen gilt aber, dass die eigentliche Meinungsbildung, also die Formierung, Stabilisierung oder Veränderung meiner eigenen Haltung zu einer Streitfrage oder einem Thema, sich erst im Austausch mit anderen Menschen abspielt: in Diskussionen innerhalb der Familie, mit Freunden in der Kneipe oder auch am Rande von politischen Kundgebungen. Wir vertrauen in vielen Fällen Informationen auch stärker und lassen uns von Meinungen eher überzeugen, wenn sie aus unserem sozialen Umfeld kommen, gerade wenn wir die entsprechenden Personen als Meinungsführer wahrnehmen.

Soziale Medien als Intermediäre

Wenn nun, wie die Bemerkungen der beiden vorangegangenen Kapitel gezeigt haben, soziale Medien in das bislang etablierte Gefüge von Öffentlichkeit eingreifen, hat dies auch einen Einfluss auf die verschiedenen Facetten von Meinungsbildung. Doch wie genau sieht dieser Einfluss aus? Erhöhen soziale Medien die Vielfalt von Informationen und Meinungen, oder sorgen sie dafür, dass unsere Weltsicht eingeschränkt wird? In diesem Zusammenhang ist zunächst die Beobachtung wichtig, dass sich die Produktion der Nachrichten und anderer relevanter Inhalte von deren Verbreitung entkoppelt: Facebook, Twitter, YouTube oder Instagram erstellen selbst keine Nachrichten, Reportagen, Dokumentationen o. Ä., sondern bieten nur die Infrastruktur, mit deren Hilfe andere Personen oder Organisationen solche Inhalte verbreiten können. Mit anderen Worten: Sie fungieren als vermittelnde Instanzen zwischen Inhalteanbietern und Nutzern, also als »Intermediäre«.

Auch wenn die Betreiber dies gelegentlich gerne von sich selbst behaupten, ist diese Mittlerrolle keinesfalls neutral, sondern im Gegenteil hochgradig lenkend und prägend. Drei solcher Prinzipien haben wir im vorigen Kapitel bereits kennengelernt: das Bündeln von Inhalten aller Art zu dynamischen und sich ständig aktualisierenden »Streams« oder »Feeds«; das Prinzip der Personalisierung, das sowohl auf eigenen Entscheidungen als auch auf algorithmischer Auswahl beruht; und last but not least das Zusammenwachsen der beiden Modi der »Publikation« und der »Konversation«.

Dank dieser Prinzipien greifen Intermediäre auf unterschiedliche Weise in Prozesse der Meinungsbildung ein. Im Hinblick auf das Vermitteln von Informationen und Wissen erweitern sie unbestreitbar das Spektrum der verfügbaren Quellen und Kanäle. Denn wie bereits geschildert, sind nicht nur die etablierten journalistischen Marken mittlerweile auf sozialen Medien präsent, um dort ihre Nachrichten und anderen Inhalte zur Verfügung zu stellen. Auch Parteien und Politiker, Unternehmen, Bürgerinitiativen, Sportvereine oder Celebrities können ihre Botschaften über soziale Medien transportieren, ohne auf die Vermittlungsleistung der Massenmedien angewiesen zu sein. Und der Informationsfluss muss nicht immer direkt verlaufen, sondern kann auch vermittelt erfolgen, das heißt über Empfehlungen, Weiterleitungen oder Retweets, durch die sich Neuigkeiten innerhalb der Nutzerschaft verbreiten können.

Im Zusammenhang mit Meinungsbildung ist aber von besonderer Bedeutung, dass der gängige Kommunikationsstil in sozialen Medien deutlich »meinungslastiger« ist als in journalistischen Formaten. Der hohe Stellenwert, den der Modus der Konversation in den sozialen Medien hat, kam bereits mehrfach zur Sprache – dies schließt den Austausch, die Debatte, wohlmöglich auch den Streit zu gesellschaftlich relevanten Themen mit ein, die sich in den Kommentarbereichen eines Facebook-Eintrags oder zu einem YouTube-Video finden lassen. Aber die sozialen Medien haben darüber hinaus auch neue Meinungsführer hervorgebracht. Dazu zählen die eher auf Lifestyle-Themen spezialisierten »Influencers« wie Bianca »Bibi« Heinicke oder Xenia van der Woodsen, die auf Instagram als xeniaoverdose auftritt. Doch auch »News-YouTuber« wie Florian Mundt (alias LeFloid), Rayk Anders oder Mirko »Mr Wissen2go« Drotschmann orientieren sich in ihren Videos an den Leitwerten der persönlichen Öffentlichkeiten, also insbesondere subjektive Relevanz und Authentizität. Sie haben aber ungleich größere Reichweiten, die mehrere Hunderttausend oder gar Millionen Personen umfassen können, und sind für viele junge Menschen eine wichtige Quelle für Informationen zum aktuellen Weltgeschehen.

In dieser Hinsicht erhöhen soziale Medien also durchaus die Vielfalt von Informationen und Meinungen. Doch zugleich sind die eingangs genannten Beispiele, die auf problematische Effekte sozialer Medien hinweisen, nicht von der Hand zu weisen. Offensichtlich zeigt sich in diesem Zusammenhang erneut, dass die sozialen Medien nicht automatisch nur demokratisch wünschenswerte Entwicklungen nach sich ziehen. Vielmehr bieten sie auch den Nährboden für eine Reihe von Phänomenen, die aus Sicht einer an Vielfalt und konstruktivem Austausch orientierten öffentlichen Debatte problematisch, wenn nicht sogar bedrohlich sind. Um welche Phänomene handelt es sich dabei?

Mögliche Einschränkungen von Vielfalt

Die größte Bekanntheit hat vermutlich das Szenario der »Filterblase« (auch »filter bubble«) gewonnen, vor dem der Publizist Eli Pariser bereits 2011 gewarnt hat. Er argumentiert, dass die Nutzer von sozialen Medien die prinzipiell verfügbare Vielfalt von Informationen gar nicht wahrnehmen würden, sondern in ihrer Sicht auf die Welt eingeschränkt seien. Dafür seien drei miteinander verschränkte Faktoren verantwortlich, die in psychologischen, soziologischen und technologischen Zusammenhängen wurzeln.

Aus psychologischer Forschung ist bekannt, dass Menschen bei der Informationssuche und -verarbeitung tendenziell gewissen Mustern folgen, um kognitive Belastungen zu reduzieren. Dazu zählen beispielsweise Strategien der selektiven Informationsauswahl (»selective exposure«). Um nicht bei jedem Informationsanliegen erneut die Fülle verfügbarer Informationen zu sichten und in Gänze zu prüfen, folgen viele Menschen gewissen Gewohnheiten und Routinen: Sie sehen sich üblicherweise nur eine Nachrichtensendung im Fernsehen an, lesen nur eine Tageszeitung oder haben nur ein oder zwei News-Apps auf dem Smartphone installiert. Und auch innerhalb dieser Angebote nehmen Menschen nicht alle Informationen gleichermaßen wahr, sondern überblättern manche Teile, überfliegen nur die Überschriften oder hören nur mit einem halben Ohr zu, was die Nachrichtensprecherin verliest.

Zudem haben wir Menschen – individuell mehr oder weniger stark ausgeprägt – einen Hang zur Meinungsbestätigung, anstatt uns beständig widerstreitenden Informationen auszusetzen. Wir behalten auch Informationen tendenziell besser, wenn sie in unser Weltbild passen. All dies dient der Vermeidung »kognitiver Dissonanz«, wie es die psychologische Forschung bezeichnet. Hinzu kommen soziologische Mechanismen, also Merkmale unserer sozialen Einbettung und Beziehungsgeflechte. Menschen tendieren dazu, sich mit Freunden und Bekannten zu umgeben, die ihnen selbst ähnlich sind – etwa in Hinblick auf Alter und Bildungsgrad, aber auch auf Interessen, Lebensstile oder politische Ansichten. Wir kennen diesen Umstand, den die Soziologie als »Homophilie« bezeichnet, auch aus der Redewendung »Gleich und gleich gesellt sich gern«.

Diese Merkmale der individuellen Informationsverarbeitung und der sozialen Einbettung sind als Tendenzen zu verstehen, die nicht bei jedem Menschen gleich stark ausgeprägt sind und in einzelnen Situationen auch einmal außer Kraft gesetzt werden können. Sie treffen aber in den sozialen Medien auf technische Mechanismen, die ihre Effekte noch verstärken können. Denn auch Intermediäre bieten zunächst einmal eine unüberschaubare Fülle an Informationen, müssen also ihren Nutzern eine Auswahl zur Verfügung stellen. Diese Auswahl kann an zwei Stellen ansetzen, nämlich erstens an der Auswahl der Quellen, die meinen eigenen persönlichen Informationsstrom speisen, und zweitens an der Hervorhebung oder prominenten Platzierung einzelner Inhalte in diesem ständig aktualisierten Informationstrom. Bei beiden Auswahlschritten spielen Mechanismen des algorithmischen Filterns, Empfehlens und Personalisierens eine gewichtige Rolle, wie sich besonders anschaulich am Beispiel von Facebook zeigen lässt.

Der erste Auswahlschritt beruht darauf, dass ich andere Personen zu meinen Facebook-Kontakten hinzufüge oder mich entscheide, Seiten von Unternehmen, Bürgerinitiativen, Prominenten, politischen Parteien o. Ä. zu liken und so deren Neuigkeiten zu abonnieren. Zwar entscheide ich jeweils selbst darüber, ob ich diese Kontakte eingehen will. Doch Facebook macht mir ständig Vorschläge: Etwa Personen, die zwar noch nicht mit mir, dafür aber mit verschiedenen meiner Kontakte in Verbindung stehen, oder auch die Seiten von Gruppierungen oder Marken, die Personen aus meiner Kontaktliste besucht bzw. »gelikt« haben. Die Grundlage für diese Vorschläge sind die reichhaltigen Daten, die Facebook über mein bereits bestehendes Beziehungsgeflecht sowie meine Vorlieben und Aktivitäten verfügt. Jeder Klick und jedes »Gefällt mir« hinterlässt eine Datenspur, in denen sich die oben beschriebenen Mechanismen der selektiven Auswahl und der Homophilie niederschlagen. Und je mehr meiner Bekannten eine andere Person kennen oder etwas mögen, desto größer ist die statistische Chance, dass ich sie auch kenne bzw. es mir auch gefällt.

Daher sind die Vorschläge von Facebook oft verblüffend treffend – und nebenbei erhöhen sie die Chance, dass ich Facebook weiterhin nutze und somit mehr Datenspuren hinterlasse. Damit ist auf Facebook aber auch die Tendenz angelegt, dass mein eigenes Kontaktnetzwerk – und mithin das Set an Quellen, die meinen personalisierten Informationsstrom speisen – im Lauf der Zeit immer größer wird. Dadurch stellt sich erneut das Problem der Informationsfülle, denn vielfach ist auch der Informationsstrom nur aus meinem Facebook-Netzwerk schon zu umfangreich, als dass ich ihn sinnvoll in Gänze wahrnehmen könnte. Seit einigen Jahren setzt Facebook daher Algorithmen ein, um auch diesen »News feed« zu filtern und Inhalte darin zu gewichten.

Die Parameter, die diese Auswahl bestimmen, wurden im Lauf der Jahre immer wieder verändert und sind im Detail nicht veröffentlicht. Aber die Nähe zu einem anderen Kontakt, gemessen etwa an der Häufigkeit, mit der ich in der Vergangenheit mit ihm interagiert habe, genauso die Ähnlichkeit zu anderen Inhalten, denen ich in der Vergangenheit Aufmerksamkeit entgegengebracht habe, spielen allem Augenschein nach eine wichtige Rolle dabei, ob mir bestimmte Meldungen, Videos o. Ä. als »Top-Meldungen« im gefilterten Nachrichtenstrom angezeigt werden. Wenn nun mein bisheriges Kontaktnetzwerk von Homophilie und mein früheres Nutzungsverhalten von Tendenzen der selektiven, kognitive Dissonanz vermeidenden Auswahl gekennzeichnet ist – dann werden auch die algorithmischen Empfehlungen diese Ähnlichkeiten widerspiegeln.

Damit sind die Elemente des Arguments von Eli Pariser beisammen: Im Lauf der Zeit bewegen sich die Nutzer von Intermediären teils durch eigenes Handeln, teils durch strukturell-technische Rahmenbedingungen jenseits ihrer direkten Kontrolle, in immer stärker personalisierte »Filterblasen«. Konsequent zu Ende gedacht, bekommen Menschen in solchen Filterblasen nicht mehr mit, dass es auch andere Themen oder konträre Ansichten gibt als die, die in der Vergangenheit schon innerhalb der eigenen Bezugsgruppe zirkuliert sind.

An diese Beobachtung knüpft ein anderes Argument an, das mit dem Bild der »Echokammer« verbunden ist: Nicht nur die Informationen, die Nutzer zu sehen bekommen, würden durch das Wechselspiel von psychologischen, soziologischen und technischen Faktoren eingeschränkt, sondern auch die Vielfalt von Meinungsäußerungen. Facebook, YouTube oder andere Intermediäre würden demzufolge nicht den Austausch von widerstreitenden Argumenten zu gesellschaftlich relevanten Themen fördern. Vielmehr käme es zur wechselseitigen Bestärkung bereits vorgefasster Meinungen, unter Umständen sogar zum »Hochschaukeln« von immer schriller und extremer werdenden Stimmen, wie ein sich selbst verstärkendes Echo, das den Raum (in diesem Fall etwa eine Facebook-Gruppe) nicht mehr verlässt.

Beide Diagnosen legen also nahe, dass Intermediäre die Vielfalt von Informationen einschränken, wobei Gegenstand der Filterblase-These die Informationsrepertoires eines Individuums sind, während sich die Echokammer-These auf den Austausch von Meinungen bezieht. Wenn an die Stelle der Vielfalt von Informationen aber die Fragmentierung und Polarisierung von abgeschotteten Gruppen tritt, wären wichtige Säulen des gesellschaftlichen Zusammenhalts unterhöhlt, nämlich das Wissen darüber, welche Themen und Ansichten in anderen Bevölkerungsteilen existieren, verbunden mit der

Bereitschaft, widerstreitende Informationen aufzunehmen und Gegenargumente zur eigenen Position abzuwägen.

In dieser Hinsicht sind die genannten Szenarien also tatsächlich bedrohlich – allerdings ist längst noch nicht abschließend geklärt, zu welchem Grad sich welche Personenkreise in Bezug auf welche Themen denn tatsächlich in ausgeprägten Filterblasen bzw. Echokammern befinden. So zeigen Studien, dass große Anteile der Nutzerschaft über vielfältige Informationsrepertoires zu gesellschaftlich relevanten Themen verfügen und somit in Summe auch mit konträren Meinungen und Informationen konfrontiert werden. Unstrittig ist allerdings auch, dass gerade auf Facebook und Twitter Gruppen existieren, die bestimmte Weltsichten oder Ideologien vertreten, sich gegenüber widerstreitenden Informationen abschotten und anfälliger für Falschinformationen sind, sofern diese ihr Weltbild bestätigen.

Entsprechende Studien liegen etwa für die Anhänger von Verschwörungstheorien sowie von populistischen oder politisch extremen Gruppierungen vor. Die Facebook-Seite der in Dresden entstandenen Pegida etwa spielte 2015 eine wichtige Rolle für die Verfestigung der Bewegung und die Mobilisierung für Kundgebungen auch über Dresden hinaus. In kurzer Zeit entstanden zahlreiche Ableger der Bewegung in weiteren Städten sowie thematisch verwandte Facebook-Gruppen, in denen Menschen unwidersprochen Falschmeldungen verbreiteten und sich zu Beleidigungen und Hetze gegenüber Flüchtlingen und Einwanderern, der Bundesregierung und der »Lügenpresse« aufstachelten.

Spätestens diese Entwicklungen haben eine breite öffentliche Diskussion über Formen der »hate speech« in sozialen Medien und ihren Zusammenhang mit politischem Populismus und Extremismus angestoßen. Rechtliche Vorgaben (zum Beispiel des Persönlichkeitsrechts) haben der freien Meinungsäußerung auch im Internet immer schon Grenzen gesetzt. Hinzu kommen die Allgemeinen Geschäftsbedingungen bzw. »Terms of Service« der Plattformbetreiber, die in der Regel vorsehen, dass bei Verstößen gegen sie die betreffenden Beiträge gelöscht werden und in drastischen Fällen ihre Urheber oder auch ganze Gruppen von der Plattform ausgeschlossen werden. Aber dies hindert augenscheinlich manche Menschen nicht daran, in Beiträgen und Kommentaren – teilweise unter ihrem realen Namen – einzelne Personen oder ganze Personengruppen zu beleidigen, zu beschimpfen oder zu verunglimpfen.

Vor diesem Hintergrund haben sich im Sommer 2016 auf wachsenden politischen Druck hin eine Reihe großer Anbieter (Facebook, YouTube, Twitter und Microsoft) mit der EU auf einen »Code of Conduct« und die damit einhergehende Selbstverpflichtung geeinigt, zumindest bestimmte Formen der Hate Speech stärker zu bekämpfen. Ersten Bilanzen zufolge hat sich die Geschwindigkeit, mit der gemeldete Beiträge geprüft und aus dem Netz entfernt werden, daraufhin erhöht. Auch die oben erwähnte Facebook-Seite der Dresdner Pegida-Gruppe wurde im Sommer 2016 endgültig gesperrt. Doch gerade die Meldungen, die Nutzer selbst vornehmen, werden bisher offensichtlich meist abschlägig beschieden. Im Juni 2017 verabschiedete der Deutsche Bundestag daraufhin das »Netzwerkdurchsetzungsgesetz«, das die Plattformbetreiber bei Androhung hoher Bußgelder zu deutlich strikteren und beschleunigten Löschverfahren verpflichtet. Allerdings ist fraglich, ob das Gesetz vor dem Bundesverfassungsgericht Bestand haben wird. Nach Ansicht vieler Experten besteht nämlich die Gefahr, dass die Betreiber nicht nur tatsächliche Hassrede, sondern in großem Umfang auch solche Beiträge löschen werden, die noch vom Recht auf freie Meinungsäußerung gedeckt sind.

Ein letztes Phänomen, das im Zusammenhang mit der Relevanz sozialer Medien für die Meinungsbildung steht, ist die Zunahme von automatisiert betriebenen Profilen. Gerade auf Plattformen wie Facebook und Twitter wird eine wachsende Zahl der Accounts nicht von Menschen, sondern von Softwareprogrammen betrieben. Solche »Bots« veröffentlichen Beiträge eigenständig nach vorher festgelegten Kriterien oder reagieren auf vorher definierte Äußerungen anderer. In Gestalt von »News Bots« etwa können sie den Nutzern helfen, sich zu orientieren, indem sie automatisch Inhalte zu bestimmten Schlagworten aus unterschiedlichen Quellen auffinden und gebündelt verbreiten. Auch »Chatbots« sind denkbar, die auf Fragen von Nutzern reagieren und diese auf Quellen verweisen, die zum Beispiel politische Standpunkte einer Partei weiter ausführen. Im Frühjahr 2017 etwa stellte die CSU auf Facebook den Chatbot »Leo« bereit – und erntete einerseits Anerkennung für dieses innovative Werkzeug der politischen Kommunikation, zugleich aber auch Kritik, weil viele Antworten von Leo über den vergleichsweise plumpen Spott über den politischen Gegner nicht hinausgingen.

Generell gilt für diese Varianten der Bots, dass ihr Einsatz keine grundlegenden Bedenken aufwirft, sofern sie technisch sauber programmiert sind, also keinen fehlerhaften Output produzieren, und sofern sie sich als Bots zu erkennen geben, also Transparenz gewährleistet ist. Deutlich kritischer sind »Social Bots« einzuschätzen, die sich als normale Nutzer maskieren und automatisiert Inhalte produzieren, etwa um hohe Popularität für bestimmte Standpunkte oder Parteien vorzutäuschen. Bei ihnen handelt es sich letztlich um Propaganda-Werkzeuge, die öffentliche Debatten zu manipulieren versuchen und kommunikationsethische Prinzipien, insbesondere die Norm der Wahrhaftigkeit, verletzen. Aus diesem Grund untersagen viele Plattformen auch den intransparenten Einsatz von Social Bots in ihren Allgemeinen Geschäftsbedinungen, ohne aber derzeit wirklich vollständig ausschließen zu können, dass solche Werkzeuge aktiv sind.

Angesichts der einleitend angesprochenen Mutmaßungen, Bots hätten entscheidenden Einfluss auf den Ausgang von Wahlen und Referenden gehabt, diskutiert auch die deutsche Politik über den Einsatz im Wahlkampf. Während die großen im Bundestag vertretenen Parteien erklärt haben, vor der Bundestagswahl 2017 auf den Einsatz von Social Bots zu verzichten, verwendet die AfD diese Werkzeuge explizit als Teil ihrer Wahlkampfstrategie in den sozialen Medien. Doch ob dies tatsächlich Erfolg hat, kann bei Fertigstellung dieses Manuskripts nicht abschließend beurteilt werden; es ist zumindest fraglich, ob Bot-Aktivitäten wirklich von vielen Menschen wahrgenommen werden und diese in ihrer Meinungsbildung bzw. Stimmabgabe entscheidend beeinflussen werden.

Auch für eine abschließende und erschöpfende Antwort darauf, welchen Einfluss soziale Medien generell auf das Informationsverhalten und die Meinungsbildung zu gesellschaftlichen Themen haben, ist es noch zu früh. Unbestritten ist wohl, dass das Zusammenspiel von algorithmischen Auswahl- und Filtermechanismen mit allgemeinen psychologischen und soziologischen Mustern dazu führt, dass sich der Informationsfluss deutlich wandelt. Doch Filterblasen und Echokammern entstehen nicht zwangsläufig, genausowenig wie für jeden Nutzer die Informationsvielfalt automatisch zunimmt. Vielmehr sind beide Effekte möglich und auch empirisch nachweisbar. Es kommt also stark auf die Besonderheiten von Themen und betrachteten Nutzergruppen an, welche Wirkungen soziale Medien auf die Meinungsbildung haben.

6. Teilhabe an Wissenswelten

Die sozialen Medien vergrößern die Informationsfülle, die uns tagtäglich zur Verfügung steht. Gleichzeitig geben sie uns auch Werkzeuge an die Hand, Ordnung in die nahezu unüberschaubare Vielfalt von Informationen zu bringen. Eher im Verborgenen werkeln unzählige technische Algorithmen, die Daten zusammenfassen, filtern und in eine Reihenfolge bringen. Besser sichtbar hingegen sind Phänomene wie die Wikipedia, zu der prinzipiell jeder beitragen kann. Doch trotz der Offenheit für alle beteiligt sich meist nur ein kleiner Teil der Nutzer aktiv an solchen Wissenssammlungen.

Im Zusammenhang mit dem Internet begegnen uns immer wieder Klagen, die Informationsfülle überfordere uns und mache es unmöglich, das Relevante vom Irrelevanten, das Gesicherte vom Gerücht oder das Überdauernde vom Flüchtigen zu unterscheiden. Dahinter steckt die Furcht, dass niemand Ordnung in die chaotischen und rasant wachsenden Informationsmengen bringt, auf die wir mit Hilfe des Internets zugreifen können und zu denen wir selbst fleißig beisteuern, wenn wir uns aktiv in den sozialen Medien bewegen.

Die drei vorangegangenen Kapitel haben bereits Antworten auf diese Bedenken gegeben und gezeigt, wie in sozialen Medien Orientierung geschaffen wird: In den persönlichen

Öffentlichkeiten ist das Hauptkriterium die persönliche Relevanz von Informationen, und der Filter ist auf der Ebene meines Kontaktnetzwerks angesiedelt. Ich selbst entscheide, welche Kontakte ich als Quellen meinen persönlichen Nachrichtenstrom speisen lasse. Im Journalismus hingegen gilt weiterhin das Kriterium der gesellschaftlichen Relevanz, und der Filter ist die journalistische Redaktion, in der Informationen geprüft und zu Nachrichten verarbeitet werden. Beide Formen sind inzwischen eng miteinander verwoben, nicht zuletzt weil persönliche Öffentlichkeiten wie auch journalistisch-publizistische Öffentlichkeiten auf den Vermittlungsleistungen von sozialen Medien beruhen, die als Intermediäre fungieren. Mit ihrer Hilfe kann ich mir ein personalisiertes Informationsrepertoire zusammenstellen, das mir persönliche Ereignisse aus meinem Bekanntenkreis, Neuigkeiten aus meinen Interessensgebieten und Eilmeldungen aus journalistischen Redaktionen gleichermaßen liefert.

Dieses Kapitel widmet sich zwei weiteren Varianten, wie soziale Medien Orientierung im Sinne einer Ordnung von Informationen und Wissen unterstützen. Zum einen behandelt es die Möglichkeiten, eine Vielzahl von unabhängig voneinander entstandenen Inhalten und Bewertungen mit Hilfe von Algorithmen und Datenbanken zu sortieren. Einige solcher Mechanismen, die auf gezielt abgegebenen Bewertungen und Schlagworten oder auch auf unbewusst hinterlassenen Datenspuren beruhen können, beleuchten die folgenden Bemerkungen näher. Zum anderen geht es in diesem Kapitel um die gemeinsame Sammlung und Ordnung von Wissen mit Hilfe sogenannter Kollaborationssoftware, von der die Wikipedia das bekannteste Beispiel ist. Die Leitfrage für dieses Kapitel ist: Bieten soziale Medien Wissen von allen für alle? Denn auch das ist ein Versprechen, das das Internet bereits seit seinen Anfängen mit sich trägt: Menschen nicht nur den Zugriff auf Informationen zu erleichtern, sondern ihnen auch Mittel an die Hand zu geben, das eigene Wissen mit anderen zu teilen.

Ordnung durch Algorithmen

Ein relativ einfaches Prinzip, Ordnung in die Vielfalt von Informationen zu bringen, ist das Messen von Urteilen und Bewertungen der Nutzer. Wir finden diese Form in vielen verschiedenen Varianten an ganz unterschiedlichen Stellen im Netz. Auf Shopping-Plattformen wie Amazon vergeben Kunden für Produkte und Händler je nach Zufriedenheit bis zu fünf Sterne. Auf Reiseportalen geben Gäste von Restaurants oder Hotels ihre Urteile und Empfehlungen ab. Auf YouTube lassen sich Videos mit »Daumen hoch« oder »Daumen runter« bewerten, und auf Facebook klickt man auf »Gefällt mir«, wenn man einen Eintrag, ein Foto oder ein Video bemerkenswert findet. Jede einzelne Bewertung liefert dem Unternehmen, Verkäufer, Videofilmer oder Facebook-Nutzer eine Rückmeldung.

Eine auch für andere ordnende und orientierende Wirkung entfalten diese Bewertungen aber vor allem in gebündelter Form – zum Beispiel in Form einer Rangliste der Produkte, Hotels oder Videos mit der höchsten durchschnittlichen Bewertung oder als Liste der Videos oder Einträge, die innerhalb eines bestimmten Zeitraums die meisten positiven Bewertungen und Facebook-»Likes« bekommen haben. Ordnen in diesem ersten Sinn beruht also darauf, dass viele Nutzer unabhängig voneinander ihre Bewertung abgeben und diese Bewertungen dann von der Software automatisch zu Durchschnittswerten, Kennzahlen und Rankings verdichtet und dem Nutzer wieder angezeigt werden.

Dies ist eine einfache, aber sehr wirkungsvolle Form der Orientierung, die den meisten von uns geläufig ist. Allerdings werden immer wieder auch Manipulationsversuche bekannt, wenn z. B. Unternehmen oder Restaurants (oder beauftragte Agenturen) fingierte Bewertungen abgeben. Sie legen dazu in der Regel gefälschte Nutzerkonten an und lassen diese dann positive Bewertungen der eigenen Produkte oder negative Bewertungen bei der Konkurrenz abgeben. Doch genauso wie Nutzer darauf vertrauen müssen, dass Bewertungen tatsächliche Erfahrungen mit dem bewerteten Objekt widerspiegeln, haben auch die Betreiber entsprechender Plattformen ein Interesse daran, dass weder gefälschte Bewertungen noch unsachliche und destruktive Kritik Überhand nehmen. Sie versuchen daher, mit technischen Mitteln Muster zu erkennen, die auf Täuschungsversuche hindeuten. Zum Beispiel könnte eine Vielzahl von negativen Bewertungen durch einen erst vor kurzem registrierten Nutzer verdächtig sein.

Aber auch die Nutzer selbst werden vermehrt in die Pflege der Bewertungen einbezogen. So stellen manche Plattformen Funktionen zur Verfügung, mit denen Nutzer nicht nur das Produkt oder Objekt bewerten, sondern auch die die Urteile oder Kommentare anderer darüber als hilfreich oder nicht kennzeichnen dürfen. Solche Bewertungen von Bewertungen lassen sich ebenfalls zur Orientierung heranziehen, zum Beispiel indem man sich diejenigen Urteile besonders hervorhebt, die andere Nutzer als hilfreich empfanden.

Diese Form der Orientierung durch das Aggregieren, also Zusammenziehen von möglichst vielen einzelnen Bewertungen, hat aber ihre Grenzen. Zum einen rückt das Messen von Bewertungen die Popularität der bewerteten Objekte in den Vordergrund. Es ordnet und kanalisiert unsere Wahrnehmung also in Hinblick auf das, was möglichst viele Menschen als positiv oder empfehlenswert empfinden. Das muss aber nicht zwingend etwas sein, was auch meinen individuellen Geschmack trifft. Zum anderen setzt es voraus, dass wir Nutzer unsere Urteile und Einschätzungen eindeutig treffen können, also mit einer Anzahl von Sternen oder mit »positiv/negativ« ausdrücken können. In vielen Fällen sind wir dazu gut in der Lage, weil es in der Regel ja ausreicht, die Einschätzung »über den Daumen zu peilen«. Doch nicht immer stellen uns die Betreiber einer Plattform passende Bewertungsstufen zur Verfügung. Lange Zeit etwa bot Facebook nur einen »Gefällt mir«-Button an, aber keine Möglichkeit, »Gefällt mir nicht« auszudrücken. Erst Anfang 2016 führte die Netzwerkplattform weitere Optionen ein: Seitdem können Nutzer einen Beitrag auch mit einem Herz oder mit »Emojis«, kleinen smileyartigen Gesichtern versehen, die Freude, Erstaunen, Trauer oder Wut ausdrücken. Und auch damit sind natürlich längst noch nicht alle Nuancen abgedeckt, die uns Menschen in der verbalen oder nonverbalen Kommunikation zur Verfügung stehen.

Eine Variante der Ordnung und Orientierung, die die beiden genannten Beschränkungen umgeht, ist die Praxis des »Tagging«, was sich auf Deutsch in etwa als »Verschlagwortung« übersetzen lässt. Sie beruht darauf, dass Nutzer Begriffe und Schlagworte (englisch: »tags«), die sie mit einem Objekt verbinden, frei wählen und zuordnen können. Ähnlich wie die Bewertungsfunktionen können auch Tagging-Funktionen auf ganz unterschiedliche Objekte angewandt werden, beispielsweise auf Fotos und Videos (bei Instagram), auf Bücher (bei LibraryThing.com) oder auf berufliche Kontakte (bei der Netzwerkplattform Xing). Die letztgenannte Plattform ist insofern ein Sonderfall, als hier die Schlagworte nur für den Nutzer sichtbar sind, der sie vergibt – sodass man ohne Gefahr von Gesichtsverlust auch andere Personen zum Beispiel als »Nervensäge« oder »KeineAhnungWerDasIst« kategorisieren kann.

Dieses Beispiel zeigt, dass Funktionen für das freie »Verschlagworten« es erleichtern, Informationen für den persönlichen Gebrauch zu sortieren und zu organisieren, weil sie keine festen Kategorien vorgeben. Stattdessen lassen sich mit ihrer Hilfe zum Beispiel auch Art, Thema oder Inhalt eines Objekts markieren (durch Schlagworte wie etwa »Buch«, »Hemingway« oder »Drama«), die eigene Meinung ausdrücken (»langweilig«, »spannend«) oder auch eine Aufgabe festhalten (»noch lesen«). Ihr ganzes Potential entfalten die Tagging-Funktionen aber erst, wenn die Zuordnungen auch für andere Nutzer sichtbar gemacht werden. Dann kann man zum Beispiel auf einer Bücherplattform nicht nur nach vorgegebenen Kategorien, Titeln oder Autoren suchen, sondern sich auch Bücher anzeigen lassen, die andere als »romantisch« oder »gut zu lesen« charakterisieren.

Ähnlich wie im Fall der Bewertungen gilt auch bei den frei vergebenen Schlagworten, dass durch eine Vielzahl von Informationen zusätzliche Ordnungs- und Orientierungsmuster entstehen. Diese können auf unterschiedliche Weise an den einzelnen Nutzer zurückgespiegelt werden. So lassen sich ebenfalls Häufigkeiten berechnen, um oft vergebene, populäre Schlagworte anzuzeigen. Eine andere Darstellungsform ist die »Tag Cloud« oder »Word Cloud«, eine Wolke von Begriffen, bei denen die besonders häufig vorkommenden Wörter größer dargestellt sind als selten vergebene Schlagworte. Diese Visualisierung kann zwar spezifische Suchfunktionen nicht ersetzen, bietet aber eine rasche und allgemeine Orientierung über die Merkmale oder Kategorisierungen auf einer Plattform. Abbildung 3 verdeutlicht das Prinzip am Beispiel der Worte und Begriffe, die in diesem Buch besonders häufig vorkommen.

Eine weitere Form der Rückmeldung von Ordnungsmustern beruht auf Algorithmen, die nicht einfache Häufigkeiten berechnen, sondern Ähnlichkeiten feststellen. Sie sind den meisten von uns vermutlich durch Amazon vertraut, wo sie auf Kaufentscheidungen beruhen und anzeigen, welche Produkte andere Menschen mit ähnlichen Interessen bzw. einer ähnlichen Einkaufvergangenheit ausgewählt haben. Die Logik hinter diesen Empfehlungen ist aber nicht auf Einkäufe beschränkt, sondern findet sich an vielen anderen Stellen im Netz. Sie lässt sich nämlich auf alle Bereiche anwenden, in denen eine genügend große Anzahl von Objekten und Merkmalen vorhanden ist. Anbieter wie Spotify oder Netflix beispielsweise verarbeiten Informationen darüber, welche Musikstücke bzw. welche Filme ein Nutzer gestreamt hat, zu-

Abb. 3 Word Cloud zum Manuskript dieses Buches

Quelle: http://www.wordle.net

sammen mit den Bewertungen der Nutzer für diese Inhalte, um Empfehlungen zu geben.

Um die Bemerkungen bis hierhin zusammenzufassen: Internetplattformen und speziell die sozialen Medien nutzen eine Reihe von Verfahren und Mechanismen, um Ordnung in die Informationsfülle zu bringen und dem einzelnen Nutzer Orientierung zu bieten. Die geschilderten Varianten beruhen alle darauf, Aktivitäten möglichst vieler Nutzer heranzuziehen und diese mit Hilfe von Algorithmen – also mathematischen Prozeduren, die in die Software einprogrammiert sind – aufzubereiten. Sie sind aber unterschiedlich komplex und lassen sich auf unterschiedliche Fragen zuspitzen. Ranking-Algorithmen beantworten die Frage: »Was ist populär?« Ähnlichkeitsalgorithmen dagegen beantworten die Frage: »Was sind andere Dinge, die diesem Objekt ähneln?« Die sozialen Medien nutzen beide Algorithmen und ergänzen sie um Daten über das Beziehungsgeflecht eines Nutzers: »Was mögen meine Freunde?« Allen Formen ist gemeinsam, dass sie viele Daten benötigen, um gut zu funktionieren – die Probleme, die dieser Umstand in Hinblick auf Datenschutz und informationelle Selbstbestimmung aufwirft, werden im nächsten Kapitel noch einmal aufgegriffen.

Das Wiki-Prinzip

Zunächst soll es aber noch um eine andere Form der durch Nutzer erzeugten Ordnung von Informationen gehen, die für soziale Medien typisch ist: das Bearbeiten von Wissenssammlungen mit Hilfe von Software, die das gemeinschaftliche Arbeiten an Texten erleichtert. Aus der Vielzahl von Programmen, die entsprechende Funktionen anbieten, ist vermutlich Google Docs das bekannteste. Es erlaubt es, mit Hilfe des Browsers z. B. ein Textdokument anzulegen und wie mit einem spezialisierten Textverarbeitungsprogramm zu ändern und zu formatieren. Die Besonderheit ist, dass sowohl das Programm als auch das Dokument selbst nicht auf meinem eigenen Rechner, sondern in der »Cloud«, also in Datenzentren irgendwo auf der Welt gespeichert sind. Dadurch kann ich im Prinzip von jedem Rechner mit Internetzugang darauf zugreifen. Zudem kann ich das Dokument für andere Personen freigeben, die dann gleichzeitig mit mir daran arbeiten und die Änderungen in Echtzeit einsehen können. Auch zurückliegende Änderungen sind sichtbar, können mit der aktuellen Fassung verglichen und bei Bedarf rückgängig gemacht werden.

Wiki-Software, die im einleitenden Kapitel bereits als eine der wesentlichen Gattungen der sozialen Medien vorgestellt wurde, geht noch einen Schritt weiter. Sie erleichtert es, zwischen einzelnen Dokumenten Verbindungen, also Links, herzustellen und so eine Sammlung von miteinander verknüpften Seiten aufzubauen. Die ersten Wikis, die Mitte der 1990er Jahre im Web eingerichtet wurden, dienten vor allem Programmierern und Software-Designern zum Wissensaustausch. Das bekannteste Wiki, das das Prinzip der Software weltweit bekannt gemacht hat, ist aber unzweifelhaft Wikipedia; die Wiki-Software dient dort als Grundlage für eine umfangreiche, frei zugängliche Enzyklopädie. Sie wurde bereits 2001 ins Leben gerufen und ist die älteste der großen und populären Social-Media-Plattformen. An ihr lassen sich Merkmale und Mechanismen der »kollaborativen Wissenssammlungen« besonders gut verdeutlichen.

Bereits vor Wikipedia gab es eine Reihe von Anläufen, digital verfügbare Enzyklopädien anzubieten. Eine gewisse Bekanntheit erreichte zum Beispiel die »Encarta« von Microsoft, die etwa 50 000 Lexikonartikel umfasste und auf CD und DVD verbreitet wurde. Sie galt in den 1990er Jahren als Vorbild für die multimediale Aufbereitung von Themen, weil ihre Artikel Texte, Fotos, Video- und Audioaufnahmen kombinierten. Die Beiträge wurden, genauso wie bei anderen professionell erstellten Enzyklopädien wie dem Brockhaus oder der Encyclopaedia Britannica, von spezialisierten Redakteuren, oft Wissenschaftlern oder andere Experten, verfasst und geprüft.

Die Wikipedia ging einen anderen Weg und öffnete sich bzw. ihre Inhalte in dreifacher Hinsicht. Erstens, und wohl die folgenreichste Entscheidung, öffnete die Wikipedia den Kreis der Autoren. Sie steht nicht allein nur einem geschlossenen Kreis anerkannter Experten, sondern prinzipiell jedem Nutzer offen. Wir alle können auch ohne Registrierung neue Beiträge beisteuern oder bestehende Artikel korrigieren, verändern und erweitern. Zweitens öffnete die Wikipedia den Schreibprozess: Die genutzte Wiki-Software erleichtert es wie oben beschrieben, die Lexikonartikel zu bearbeiten und untereinander zu verknüpfen. Jegliche Änderungen können nachverfolgt und gegebenenfalls rückgängig gemacht werden. Zudem besitzt jeder Artikel der Enzyklopädie jeweils eine eigene »Diskussionsseite«, die gewissermaßen den Backstage-Bereich der Artikel darstellt: Dort können Nutzer Fragen oder Unklarheiten eintragen oder Auseinandersetzungen über einzelne Formulierungen führen, ohne dass diese direkt im eigentlichen Artikel sichtbar sind.

Die Öffnung des Kreises möglicher Autoren und die technisch erleichterte Öffnung des Schreibprozesses wären aber vermutlich noch nicht hinreichend gewesen, Wikipedia zu einem so durchschlagenden Erfolg zu machen. Es kam eine dritte Öffnung, nämlich in rechtlicher Hinsicht, hinzu: Die Beiträge von Wikipedia stehen unter einer »freien Lizenz«, können also kostenlos abgerufen, modifiziert, kopiert und weiter verbreitet werden, solange die Folgeinhalte ebenfalls diesen Bedingungen unterliegen. Dies bedeutet auch, dass niemand exklusive Urheberrechte an einzelnen Artikeln von Wikipedia beanspruchen kann. Selbst wenn ich also große Teile des Artikels über, sagen wir, den nordsibirischen Streifenluchs oder die Sopranistin Ariana Kornotelli verfasst hätte, dürfte ich niemanden daran hindern, diese Artikel zu ergänzen oder zu kopieren.

Diese drei Entscheidungen aus der Anfangszeit von Wikipedia waren entscheidend dafür, dass die Online-Enzyklopädie in vergleichsweise kurzer Zeit rasant anwuchs. Auf die englische Wikipedia folgten bereits nach wenigen Monaten Projekte in weiteren Sprachen, darunter im Mai 2001 die deutsche Version. Ende Juli 2017 gab es fast 290 verschiedene Fassungen, darunter zahlreiche in regionalen Sprachen und Dialekten. Viele davon haben nur einige hundert Einträge, was an sich natürlich schon eine bemerkenswerte Leistung für eine ehrenamtlich betriebene Enzyklopädie ist. Die englische Wikipedia hat inzwischen aber nahezu 5,5 Millionen Artikel, und die deutschsprachige Wikipedia ist bereits bei mehr als zwei Millionen Einträgen angelangt. Etwa 40 Prozent der deutschen Internetnutzer rufen zumindest einmal pro Woche Artikel in der Enzyklopädie ab, die hinter Google, Facebook, YouTube, Amazon und eBay zu den meist besuchten Seiten hierzulande gehört.

Für viele Menschen ist Wikipedia also ein wertvolles Nachschlagewerk geworden. Sie enthält ein Vielfaches der Artikel einer herkömmlichen Enzyklopädie, sodass man sich auch über eher abseitige Themen informieren kann. Das bedeutet aber nicht, dass Inhalte beliebig erstellt werden können, denn eine Reihe von Leitbildern und Regeln geben dem Projekt einen Rahmen vor. Zu diesen Regeln gehört beispielsweise, dass Beiträge enzyklopädischen Charakter haben sollen, also nicht als wissenschaftliche Fachaufsätze, im Stile von Ratgebertexten oder als literarische Texte verfasst sein sollen. Ausserdem hat die Gemeinschaft der aktiven »Wikipedianer« im Lauf der vergangenen Jahre eine ganze Reihe von Kriterien entwickelt und diskutiert, die Aufschluss über die Relevanz eines Artikels geben sollen. Artikel, die diesen Kriterien nicht genügen – zum Beispiel ein Eintrag über mein Haustier oder über den Mittelstürmer der Jugendmannschaft meines Dorfvereins – werden relativ schnell mit Hinweis auf fehlende Relevanz wieder gelöscht.

Last but not least sollen die Beiträge dem zentralen Leitbild der Neutralität bzw. des neutralen Standpunkts verpflichtet sein. Das bedeutet, dass sie gerade bei kontroversen Themen auch unterschiedliche Sichtweisen abbilden bzw. Kritik dokumentieren. Im Umkehrschluss bedeutet das, dass beispielsweise Artikel über Politiker oder Unternehmen nicht schönfärberisch nur die positiven Seiten abdecken sollen. Die verschiedenen Kriterien bilden zusammengenommen das Qualitätsideal von Wikipedia: eine umfassende Enzyklopädie, an der ihre Nutzer gemeinsam arbeiten und die allen Menschen frei zur Verfügung steht.

Doch wie ist es konkret um die Qualität der Beiträge bestellt? Dies wurde bereits vor einigen Jahren durch eine Studie untersucht, für die Wissenschaftler zu einzelnen Themen entweder den Artikel aus der Wikipedia oder den aus der Encyclopedia Britannica auf Fehler überprüfen sollten, ohne dass ihnen die jeweilige Quelle bekannt war. Sie fanden im Durchschnitt jeweils ähnliche Fehlerzahlen, also keinen Beleg dafür, dass die Artikel in Wikipedia grundsätzlich von schlechterer Qualität seien als die aus der professionell erstellten Enzyklopädie. Zudem lassen sich die Fehler in der Wikipedia, sind sie einmal identifiziert, sehr schnell korrigieren, während andere Enzyklopädien lange redaktionelle Abläufe haben.

Dennoch darf dies kein Freibrief sein, den Wikipedia-Inhalten jederzeit unkritisch zu vertrauen. Denn prinzipiell jeder Artikel kann Fehler enthalten oder unvollständig sein. Zwar sind viele Mängel nicht sonderlich gravierend und lassen sich leicht korrigieren, zum Beispiel bei Tippfehlern. In Extremfällen kann die Qualität eines Wikipedia-Artikels allerdings durchaus problematisch sein. Ein spektakulärer Fall im Frühjahr 2009 verdeutlichte dies: Einen Tag, bevor Karl-Theodor zu Guttenberg zum Wirtschaftsminister ernannt wurde, hatte ein Unbekannter in dessen Wikipedia-Eintrag den zehn echten Vornamen einen fiktiven elften Vornamen hinzugefügt. Eine Reihe von Journalisten übernahm fälschlicherweise diesen Namen in ihrer Berichterstattung zur Ernennung des Ministers, und diese Artikel wurden wiederum für kurze Zeit in Wikipedia als Beleg für die Richtigkeit der Vornamenreihe zitiert. Erst der Abgleich mit einem Abstammungshandbuch für Adlige brachte Klarheit, und der falsche Vorname »Wilhelm« wurde aus dem Wikipedia-Eintrag wieder entfernt.

Man spricht von »Wikipedia-Vandalismus«, wenn Nutzer Artikel verunstalten, offensichtlichen Unsinn hineinschreiben oder Teile löschen. Erst die Offenheit des Projekts macht diese problematischen Verhaltensweisen möglich. Doch dass die Bearbeitung jedem zugänglich ist, dient zugleich als qualitätssicherndes Merkmal: Jede Änderung ist transparent, und je mehr Menschen Einblick in einen Artikel haben, desto eher fallen auch Fehler oder Ungereimtheiten auf. Wikipedia ist also kein fertiges Produkt wie eine gedruckte Enzyklopädie, sondern eher ein fortlaufender Prozess von Änderungen, Erweiterungen und Korrekturen. Daran sind vor allem die engagierten Wikipedianer beteiligt, die die Entwicklung von Artikeln oder thematischen Bereichen beobachten, in denen sie sich auskennen. Sie werden dabei von der Software unterstützt, die ihnen beispielsweise die Möglichkeit bietet, einzelne Artikel auf eine »Beobachtungsliste« zu setzen, um über

Veränderungen benachrichtigt zu werden. Dadurch lassen sich viele qualitätsmindernde Eingriffe, insbesondere Akte des Vandalismus, relativ schnell erkennen und rückgängig machen.

Jenseits von Wikipedia

Wikipedia ist das Bekannteste und am weitesten fortgeschrittene Projekt, das auf kollaborativer Software aufbaut. Es gibt daneben aber unzählige weitere Einsatzmöglichkeiten für spezialisierte Wikis. So sammeln beispielsweise Bürger in verschiedenen Ortschaften oder Regionen Informationen in Form sogenannter Stadtwikis – das wohl größte derartige Projekt in Deutschland ist das Stadtwiki Karlsruhe, das mehr als 25 000 Einträge über Sehenswürdigkeiten, Persönlichkeiten, Unternehmen, Veranstaltungen etc. sammelt. Aber auch Unternehmen, Stiftungen, Bürgerinitiativen oder Vereine setzen Wikis ein, um internes Wissen zu sammeln und ihren Mitarbeitern zur Verfügung zu stellen.

Besondere Bedeutung haben Wikis im Bereich der Populärkultur, also im Umfeld von Filmen, Literatur, Comics, Computerspielen oder Fernsehserien. Gerade auf Wiki-Plattformen wie wikia.com gibt es zahlreiche Projekte, in denen Fans gemeinsam ihr Wissen über die fiktiven Welten von Star Trek, Harry Potter, den Simpsons oder World of Warcraft zusammentragen. Sie katalogisieren und beschreiben dort beispielsweise alle Episoden einer Serie oder legen biographische Artikel über fiktive Persönlichkeiten aus einer Buchreihe an. Fanwikis fungieren dadurch als Nachschlagewerk, in denen möglichst alle Details erfasst und zugänglich gemacht werden. Darüber hinaus können sie auch als Archiv oder gar als eine Form der Geschichtsschreibung für fiktive Welten aus Literatur, Film oder Computerspiel dienen, die in den eigentlichen Werken so nicht existiert. Die Wiki-Software erleichtert es somit Fans auch, sich unabhängig von ihrem Wohnort mit anderen Gleichgesinnten zu vernetzen.

In Deutschland ist das Wiki-Prinzip in den letzten Jahren aber vor allem durch Ereignisse im Bereich der Politik bekannt geworden. An erster Stelle ist hier die zu Beginn des Buches bereits erwähnte Plagiatsaffäre um Karl-Theodor zu Guttenberg zu nennen. Den Stein ins Rollen brachten Vorwürfe eines Bremer Professors, dem während der Arbeit an einer Rezension für ein fachwissenschaftliches Journal Ungereimtheiten in der Dissertation auffielen. In einem Gastbeitrag für die Süddeutsche Zeitung erhob er auf Grundlage einiger Plagiatsfunde erste Vorwürfe, die zu Guttenberg aber abstritt und als »absurd« bezeichnete. Doch einen Tag später legte ein namentlich nicht bekannter Nutzer auf der Plattform »Wikia« das Guttenplag-Wiki an, an dem sich innerhalb von wenigen Tagen zahlreiche Freiwillige beteiligten. Sie nahmen sich jeweils kleine Teile der Doktorarbeit vor, verglichen sie mit anderer Literatur und dokumentierten im Wiki die verschiedenen Formen von Plagiaten, auf die sie stießen: Von verschleierten Übernahmen über wörtliche Übersetzungen aus anderssprachigen Texten bis hin zu unverändert kopierten Textstellen fanden sie auf nahezu allen Seiten der Arbeit Verstöße gegen die elementaren Regeln des wissenschaftlichen Arbeitens.

Das Wiki-Prinzip war hier mustergültig zu beobachten: Erstens waren die Schwellen zur Mitarbeit sehr niedrig; jede interessierte Person (mit einem Internetzugang) konnte sich auf der Guttenplag-Seite über die Mitmach-Möglichkeiten informieren und sich einbringen. Dieses gemeinsame Arbeiten an einer großen Aufgabe – die detaillierte Prüfung einer knapp 400 Seiten langen Doktorarbeit – wurde dazu (zweitens) in viele kleine Arbeitspakete zerlegt, die auf die Helfer verteilt wurden. Und schließlich waren drittens alle Arbeitsschritte im Wiki transparent dokumentiert, konnten also immer von anderen Personen nachvollzogen und bei Bedarf wieder korrigiert werden.

Und doch hätte das Guttenplag-Wiki alleine vermutlich nicht dazu geführt, dass zu Guttenberg nach wenigen Tagen zurücktreten musste. Eine herkömmliche Prüfung der Dissertation, zum Beispiel durch eine interne universitäre Kommission, hätte Wochen, wenn nicht Monate gedauert und vermutlich in einem Bericht gemündet, den nur wenige Menschen zur Kenntnis genommen hätten. Erst im Zusammenspiel mit sozialen Medien und journalistischen Öffentlichkeiten entfaltete sich die Wucht der Ereignisse (die übrigens im Wikipedia-Artikel zur »Plagiatsaffäre Guttenberg« mustergültig dokumentiert sind). So kursierte beispielsweise auf Facebook und Twitter ein offener Brief von Doktoranden, die den Minister zum Rücktritt bzw. Kanzlerin Merkel zu seiner Entlassung aufforderten. Die Resonanz, die der Brief erzielte, machte ihn wiederum zum Thema in journalistischen Medien, was seine Bekanntheit noch steigerte. Ähnliches galt für die »Pro zu Guttenberg«-Gruppen, die auf Facebook entstanden und teilweise mehrere zehntausende Mitglieder erreichten, aber die öffentliche Meinung nicht kippen konnten.

Die eingangs zitierte Schlagzeile von Spiegel Online »Netz besiegt Minister« ist daher richtig und falsch zugleich: Ohne das Netz, das heißt ohne die im Wiki geleistete gemeinsame Dokumentation der Plagiate, hätte zu Guttenberg die Vorwürfe vermutlich deutlich länger als Einzelfälle oder bedauerliche Versehen abtun können. Doch ohne die journalistischen Medien und ihr Zusammenspiel mit den persönlichen Öffentlichkeiten, in denen sich der Protest der Bürger äußerte, wäre kein ausreichender öffentlicher Druck entstanden. Ein ähnliches Zusammenspiel, wenn auch nicht mit der gleichen Wucht wie im Falle zu Guttenberg, kennzeichnete eine Reihe weiterer Plagiatsskandale rund um andere Politiker, die in den Wochen und Monaten danach bekannt wurden. Auch die Bildungsministerin Anette Schavan trat von ihrem Amt zurück, nachdem durch das »Vroniplag« dokumentierte Plagiatsfälle in ihrer Doktorarbeit im Februar 2013 von der Universität Düsseldorf bestätigt worden waren.

Bedeuten diese Fälle, dass Wikis und kollaborative Software im Bereich der Politik nur für die Aufdeckung von Plagiaten genutzt werden können? Ganz und gar nicht, wie das Beispiel der Piratenpartei zeigt. Sie hat zwar im Vergleich zu den Jahren zwischen 2009 und 2012 deutlich an Unterstützung verloren und ist mittlerweile in keinem Landtag mehr vertreten. Dennoch bietet sie weiterhin eine ganze Reihe internetgestützter Möglichkeiten an, sich an der politischen Arbeit der Partei zu beteiligen. Zentrales Element ist das parteieigene Wiki, über das etwa Wahlkämpfe und andere politische Veranstaltungen organisiert und koordiniert werden. An dem Wiki kann jeder Interessierte mitschreiben, sofern er sich auf der Seite registriert – man muss dazu nicht zwingend Mitglied der Piratenpartei sein.

Auch das Phänomen »WikiLeaks« hat in den letzten Jahren einige Aufmersamkeit erzeugt – zuletzt vor allem deswegen, weil seinem Initiatoren Julian Assange vorgeworfen wurde, er habe sich von russischen Geheimdiensten für Manipulationen des us-amerikanischen Präsidentschaftswahlkampfes einspannen lassen. Das Projekt trägt die Bezeichnung Wiki im Namen, ist in dieser Hinsicht aber mißverständlich. Auf der Webseite werden Informationen veröffentlicht, die von Regierungen oder Unternehmen unter Verschluss gehalten werden sollen, zum Beispiel vertrauliche Aufzeichnungen über militärische Einsätze oder diplomatische Verhandlungen. Zwar kann jeder Nutzer diese Informationen abrufen, und genau diese Form von Öffentlichkeit und Transparenz ist von den Betreibern gewünscht. Doch zugleich müssen sie und ihre Informanten damit rechnen, dass die betroffenen Regierungen auf den Geheimnisverrat mit polizeilicher Verfolgung und drakonischen Strafen reagieren. Daher arbeiten die Betreiber von WikiLeaks im Verborgenen, und nur ein kleiner Kreis von Menschen hat die Möglichkeit, Informationen dort einzustellen. Die Seite entspricht also nicht dem Wiki-Prinzip und hat auch keinerlei Verbindungen zur Wikipedia.

Partizipationskultur für alle?

Die in diesem Kapitel beschriebenen Plattformen und Werkzeuge, von den Bewertungs- und Verschlagwortungssystemen über Wikipedia bis hin zu populärkulturellen oder politischen Beteiligungsprojekten, gelten als Ausdruck der »Partizipationskultur«, die sich in den letzten Jahren dank des Internets etabliert hat. Bereits im Zusammenhang mit persönlichen Öffentlichkeiten und Journalismus wurde deutlich, dass die sozialen Medien es den Menschen leichter machen, sich miteinander auszutauschen und zu vernetzen. Auch beim Sammeln und Ordnen von Wissen zeigt sich diese Entwicklung. Sie führt dazu, dass nicht mehr nur einige wenige Experten – ob nun Bibliothekare, Archivmitarbeiter oder Redakteure von Enzyklopädien – diese Aufgaben übernehmen. Auch hier können »normale Nutzer« des Internets teilhaben.

Positiv betrachtet, verbessert diese Entwicklung den Informationsstand und die Wissensbasis einer Gesellschaft. Die sozialen Medien helfen dabei, dass Menschen auch über große räumliche Entfernungen hinweg oder zeitlich versetzt Informationen zusammentragen und ordnen können. Man spricht in diesem Zusammenhang auch von der »Schwarmintelligenz« oder der »Weisheit der Vielen«, die das Internet zum Vorschein bringe. Doch handelt es sich bei den genannten Beispielen tatsächlich um Wissen von allen für alle? Kritische Stimmen nennen eine ganze Reihe von Gründen, warum die sozialen Medien nicht automatisch zur Demokratisierung von Wissen führt. Sie verdeutlichen also auch das in Kapitel 2 benannte grundsätzliche Argument, dass technische Innovationen nicht zwangsläufig zu bestimmten, schon in der Technik angelegten Folgen führen, sondern dass es immer auf den tatsächlichen Gebrauch einer Medientechnologie ankommt.

Diese Einwände beruhen zunächst einmal auf statistischen Daten zur Verbreitung und Nutzung des Internets und seiner zahlreichen Angebote. Zwar ist der Anteil der »Onliner« an der Gesamtbevölkerung in den letzten Jahren stetig gestiegen: Der Seite internetworldstats.com zufolge waren Anfang 2017 fast 90 Prozent der deutschen Bevölkerung online; in der Schweiz und Österreich waren es ebenfalls deutlich über 80 Prozent. Innerhalb dieser Gruppen finden sich allerdings, wie bereits im einleitenden Kapitel dieses Buches erwähnt, deutliche Unterschiede in der Verbreitung sozialer Medien, insbesondere wenn man jüngere und ältere Nutzergruppen vergleicht. Und die Zahlen zur Internetverbreitung verraten im Umkehrschluss auch, dass nach wie vor etwa jede zehnte Person zu den »Offlinern« zählt, die an den neuen Wissenswelten und Informationsordnungen nicht partizipieren können oder wollen.

Ein zweiter Einwand betrifft die Grade der Aktivität, die sich hinter der Bezeichnung »Nutzer« verbergen. Für die Wikipedia etwa lässt sich sagen, dass der ganz überwiegende Teil der Onliner sie eher wie eine konventionelle Enzyklopädie nutzt, also Artikel nur liest, aber selbst nichts dazu beiträgt. Einige Zahlen können dies verdeutlichen: Etwa 40 Prozent der Onliner, das entspricht ca. 24 Mio. Menschen, rufen die Enzyklopädie regelmäßig, d. h. zumindest wöchentlich auf. Den Statistiken von Wikipedia zufolge hatten sich bis Mai 2017 aber nur etwa 180 000 Personen zumindest irgendwann einmal mit zumindest einer Änderung beteiligt. Die Zahl der momentan aktiven Autoren, die mindestens fünf Artikeländerungen oder -erweiterungen innerhalb des zurückliegenden Monats verfassten, lag bei knapp 5 400. Und der wirklich harte Kern von Autoren, die mehr als 100 Beiträge im Monat bearbeitet hatten, umfasste zuletzt ganze 874 Personen.

Ähnliche Argumente lassen sich auch für viele andere soziale Medien vorbringen: Die meisten Nutzer nehmen die Möglichkeiten, selbst eigene Inhalte oder eigenes Wissen beizusteuern, nicht in Anspruch. Man spricht in diesem Zusammenhang auch von der »90-9-1«-Regel. Sie drückt aus, dass in Onlineforen, auf Video- oder Fotoplattformen, in Kommentarbereichen zu journalistischen Artikeln oder eben in Wikipedia nur 1 Prozent der Nutzer für den Großteil der Inhalte oder Kommentare zuständig ist. Eine etwas größere Gruppe, etwa 9 Prozent, klinkt sich gelegentlich in die Diskussionen ein oder trägt ab und zu eigene Informationen bei. Der überwiegende Teil – 90 Prozent – bleibt jedoch passiv und ruft die Inhalte nur lesend oder betrachtend ab, ohne selbst etwas beizutragen. Wie die in Kapitel 3 erwähnten Personen, die in persönlichen Öffentlichkeiten nur mitlesen, ohne sich selbst zu erkennen zu geben, wird diese große Gruppe auch als »Lurker« bezeichnet. Sie tragen selbst nichts zu den Konversationen oder Wissenssammlungen bei, sondern profitieren als »Trittbrettfahrer« von der Arbeit und dem Engagement anderer.

Es sei noch einmal betont, dass es sich bei der 90-9-1-Regel nur um eine Faustregel handelt, sodass sich diese Anteile nicht immer exakt in Umfragen oder Statistiken wiederfinden lassen. Außerdem fällt nicht jeder Mensch immer und auf allen Plattformen in die gleiche der drei Kategorien. Manche führen vielleicht regelmäßig ein eigenes Blog und schreiben auch aktiv an einer Fan-Community zu ihrer Lieblingsserie mit, konsumieren dafür aber YouTube und Wikipedia nur passiv.

Einer Studie der Universität Hohenheim hat 2012 knapp 3 000 deutsche Internetnutzer dazu befragt, wie sie sechs gängige Typen von sozialen Medien (Wikis, Videoplattformen, Blogs, Diskussionsforen, Netzwerkplattformen und Fotoplattformen) nutzen. 35 Prozent der Personen in der Umfrage gaben an, zumindest bei einem oder zwei der genannten Angebote ab und zu eigene Inhalte bereitzustellen, und

19 Prozent gaben dies sogar für drei oder mehr Angebote an. In der Teilgruppe der 13- bis 24-Jährigen lagen die Anteile sogar noch höher, nämlich bei 54 Prozent bzw. 29 Prozent. Die konkreten statistischen Befunde relativieren also eine allzu strikte Trennung zwischen wenigen sehr aktiven und vielen passiven Nutzern. Sie verdeutlichen dennoch, dass nicht jeder Onliner gleichermaßen alle Möglichkeiten ausnutzt, im Internet Informationen und Wissen zu teilen.

Ein weiteres Gegenargument, warum die sozialen Medien nicht Wissen von und für alle bringen, kommt noch hinzu. Denn auch auf den partizipativen Plattformen bilden sich eigene Hierarchien und Unterschiede aus, die manchen Nutzern mehr Möglichkeiten einräumen als anderen. Dies ist für Wikipedia sehr gut untersucht und spiegelt sich in den oben angeführten Zahlen wieder: Letztlich trägt eine vergleichsweise kleine Gruppe von Aktiven die Hauptlast der Arbeit an der Online-Enzyklopädie, also der kontinuierlichen Erweiterung, Betreuung und Korrektur von Artikeln. Sie haben im Lauf der vergangenen Jahre zahlreiche und sehr detaillierte Prozeduren und Regeln entwickelt, wie sie diese Arbeit organisieren.

Für Neueinsteiger, die mehr beitragen wollen als nur gelegentlich einen Tippfehler zu korrigieren, besteht daher zwar keine große technische Hürde, wohl aber eine soziale. Man muss sich mit diesem Regelwerk vertraut machen und in gewisser Hinsicht erst beweisen, dass man etwas Konstruktives beitragen kann. Dazu gehört unter anderem, ein Gespür für die Relevanz von möglichen neuen Einträgen zu entwickeln und sich im Kampf um Formulierungen oder Gliederungen von Artikeln behaupten zu können.

Wie in anderen sozialen Gebilden, zum Beispiel Vereinen oder Bürgerinitiativen, schält sich also auch bei den partizipativen Projekten im Lauf der Zeit eine Gruppe von Menschen heraus, die mit besonderen Befugnissen und höherer Autorität ausgestattet sind als andere. Man kann durch Wahlen oder Abstimmungen in solche Positionen gelangen, doch auch kontinuierliches Engagement und inhaltliche Kompetenz können eine Grundlage dafür sein, dass man mehr Einfluss ausübt. Bei internetbasierten Projekten kommt als Besonderheit eine weitere Quelle von Macht ins Spiel: die Fähigkeit, auf die technische Gestaltung der Plattform selbst Einfluss zu nehmen. Das bedeutet bei Wikipedia beispielsweise, Zugriffsrechte auf Artikel beschränken, andere Nutzer löschen oder zeitweise sperren oder auch neue Funktionen hinzufügen zu können. Solche »Systemadministratoren« oder »Admins«, wie diese Rollen in Anlehnung an die Informatik genannt werden, haben dank ihrer herausgehobenen Funktion auch besondere Verantwortung für das Gelingen partizipativer Projekte im Internet.

Um zur Ausgangsfrage dieses Kapitels zurückzukommen: Bringen die sozialen Medien Wissen von allen für alle? Einerseits ja, weil sie Mechanismen und Werkzeuge zur Verfügung stellen, mit deren Hilfe wir auch ohne formalen Expertenstatus Informationen sortieren und gemeinsam mit anderen aufbereiten können. Das Internet steigert also nicht nur die schiere Menge an verfügbaren Informationen, sondern zeigt auch Mittel und Wege auf, Ordnung in diese Informationen zu bringen. Dadurch stehen uns heute nicht einfach nur mehr, sondern auch vielfältigere und spezialisiertere Wissenssammlungen zur Verfügung. Andererseits müssen wir die Frage aber auch verneinen, weil nach wie vor nicht jeder Mensch gleichermaßen an diesen Wissensammlungen teilhaben kann. Die Internetnutzung im Allgemeinen wie auch das aktive Beisteuern und Partizipieren sind ungleich verteilt. Gerade Letzteres bleibt oft auf eine vergleichsweise kleine Gruppe beschränkt.

7. Das Partizipations-paradox

Die sozialen Medien werfen ein Partizipationsparadox auf. Sie stellen viel-fältige Möglichkeiten zur Teilhabe bereit, auch weil man sich mit ihrer Hil-fe in gesellschaftliche und politische Debatten einbringen kann. Zugleich sind viele Plattformen jedoch kommerziell betriebene Dienste, die ihren Nutzern nur wenig oder überhaupt keine Mitbestimmung erlauben. Noch ist offen, ob zukünftig auch alternative Modelle für soziale Medien exis-tieren werden.

In den vorangegangenen Kapiteln tauchten immer wie-der Begriffe wie »Partizipation«, »Teilhabe« oder »Betei-ligung« auf. In der Tat haben soziale Medien ein Versprechen erneuert, das von Anfang an mit dem Internet verbunden wurde: Menschen könnten, so die Hoffnung, sich mit Hilfe der Medientechnologien besser Gehör verschaffen, an poli-tischen Debatten und Entscheidungen beteiligen, die eigene Meinung und das eigene Können in die Gesellschaft einbrin-gen. Das Internet würde dadurch einen zentralen demokrati-schen Wert unterstützen, nämlich die Teilhabe von Menschen an der Gesellschaft, in der sie leben. Dieser Wert drückt sich in politischen Leitbildern und Parolen aus, zum Beispiel »Be-troffene zu Beteiligten machen«, wird aber auch von den Bürgern selbst eingefordert. Proteste gegen große politische Vorhaben, ob nun gegen »Stuttgart 21« oder den G20-Gipfel in Hamburg, aber auch eine Vielzahl von kleineren Bürgerinitiativen und anderen Formen des bürgerschaftlichen Engagements machen deutlich, dass für viele Menschen Mitbestimmung und Teilhabe zum demokratischen Selbstverständnis gehört.

Die Partizipation von uns Bürgern an den Dingen, die uns gemeinsam betreffen, ist auf verschiedene Weise denkbar. Direkte Teilhabe beruht auf der Beteiligung an politischen Entscheidungen und Weichenstellungen, zum Beispiel durch Wahlen oder Abstimmungen. Doch auch über die Teilhabe an gesellschaftlicher Öffentlichkeit, in der politische Ziele und die Wege dahin debattiert werden, partizipieren wir an der Gesellschaft. In den sozialen Medien konkretisiert sich ein spezifisches Verständnis von Partizipation. Man spricht auch vom »Mitmachnetz« und meint damit die vielen Möglichkeiten, sich auf Plattformen im Netz zu äußern und Informationen, Inhalte und Wissen mit anderen auszutauschen.

Populäre Anbieter nehmen das (Mit-)Teilen und Beteiligen in ihre Slogans auf. Facebook proklamiert zum Beispiel auf seiner Startseite »Verbinde dich mit den Menschen aus deinem Leben und lass sie teilhaben«. Die Video-App Snapchat formuliert ihr Ziel: »Unsere Produkte geben Menschen die Möglichkeit, sich frei auszudrücken – live, spontan und für den Moment, mehr von der Welt zu entdecken und gemeinsam Spaß zu haben«. Und die Online-Enzyklopädie Wikipedia stellt sich Besuchern als Projekt dar, »zu dem du mit deinem Wissen beitragen kannst«. Doch zugleich handelt es sich bei vielen dieser Angebote – Wikipedia ist hier die rühmliche Ausnahme – um kommerzielle Unternehmen, die möglicherweise ganz andere Absichten hegen, als einfach nur ihren Nutzer Teilhabe zu ermöglichen. Ihre Betreiber geraten in die Kritik, weil sie es beispielsweise mit dem Datenschutz nicht so genau nehmen und umfangreiche Profile ihrer Nutzer anlegen. Eine der wesentlichen Fragen ist daher: Fördern die sozialen Medien Partizipation und Teilhabe – oder Überwachung und Kontrolle?

Formen der Teilhabe

Um eine Antwort auf diese Frage zu finden, ist es hilfreich, zunächst drei verschiedene Formen von Teilhabe voneinander zu unterscheiden. Nämlich erstens die Teilhabe in den sozialen Medien, zweitens Teilhabe mit Hilfe der sozialen Medien und drittens Teilhabe an den sozialen Medien. Was ist mit dieser Unterscheidung gemeint?

Menschen üben Teilhabe *in den sozialen Medien* aus, wenn sie sich auf den entsprechenden Plattformen aufhalten und informieren, mit ihrer Hilfe ihre persönlichen Interessen ausdrücken und Beziehungen pflegen. Die Nutzung der sozialen Medien kann, muss sich aber nicht unbedingt um politische Themen oder Ereignisse im engeren Sinn drehen, wie wir in den vorangegangenen Kapiteln gesehen haben. Teilhabe in einem weit gefassten Verständnis umfasst zum Beispiel, sich zu bestimmten Themen zu positionieren. Durch Eintragungen in seinem Profil, durch eigene Beiträge oder durch Fotos signalisiert man seiner persönlichen Öffentlichkeit, was einem wichtig ist oder worüber man nachdenkt. Teilhabe in den sozialen Medien geschieht aber auch, wenn man sich in Gespräche einschaltet, zum Beispiel wenn man sich in den Kommentaren zu einem Weblogeintrag über seine eigenen Erfahrungen zu einem politischen Thema austauscht. In all diesen Fällen macht man Erfahrungen von sozialer Einbindung. Man hat dadurch an seiner eigenen Lebenswelt teil, also am Alltag im sozialen Umfeld.

Zwar geschieht dies in sozialen Medien normalerweise freiwillig. Und doch kann es für manche auch Anstrengung oder Anforderung bedeuten. Für Jugendliche beispielsweise

ist das »gemeinsame Abhängen« im Freundes- und Bekanntenkreis ein wesentlicher Teil des Heranwachsens. Weil diese Beziehungen maßgeblich auch mit Hilfe von Netzwerkplattformen und Chat-Diensten gepflegt werden, entsteht
aber zugleich ein nicht unerheblicher Druck, auf bestimmten
Plattformen aktiv zu sein und sich an den dort ablaufenden
Konversationen und Inhalten zu beteiligen. Etwas, aber nur
etwas überspitzt formuliert: Wer sein Facebookprofil nicht
aktualisiert, wer nicht per Chat oder WhatsApp erreichbar ist
oder wer keine Fotos der Wochenendparty ins Netz hochlädt,
der isoliert sich selbst. Zwar sind diese Erwartungen in verschiedenen Cliquen, Bildungs- und Altersstufen unterschiedlich stark ausgeprägt. In Befragungen äußern aber viele Jugendliche immer wieder, dass sie diese Aspekte der Teilhabe
in sozialen Medien als Verpflichtung oder sogar Gruppen-
zwang empfinden.

Die zweite Form der Teilhabe, nämlich *mit Hilfe der sozialen Medien,* geschieht dann, wenn die sozialen Medien als
Werkzeug genutzt werden, um auf politische Entscheidungen
und gesellschaftliche Debatten außerhalb des Internets Einfluss zu nehmen. Dies kann zum Beispiel über eine Nachricht an eine Abgeordnete geschehen, die mit Hilfe von Facebook gesendet wird, oder durch Beiträge im Online-Forum
einer lokalen Bürgerinitiative. Weil die sozialen Medien es
leicht machen, Informationen an andere zu verbreiten, lassen
sich über sie auch mit vergleichsweise wenig Aufwand andere Menschen aktivieren, beispielsweise durch Veranstaltungs-
informationen, Demonstrationsaufrufe oder Hinweise auf
Unterschriftensammlungen. Digitale Medientechnologien
spielen daher inzwischen eine wichtige Rolle für die Mobilisierung, den Wissensaustausch und die Koordination politischen Handelns, in Deutschland und weltweit.

Dies wurde Anfang 2012 in den Protesten gegen das Han-
delsabkommen »ACTA« wohl erstmals richtig deutlich. Gegner des Vorhabens, das Produktpiraterie und Urheberrechts-

verletzungen neu regeln sollte sahen in den vorgesehenen Kontrollmechanismen einen unverhältnismäßig starken Eingriff in die Kommunikationsfreiheit. Sie riefen europaweit über Blogs, Twitter und andere Onlinekanäle zu Demonstrationen gegen das Abkommen auf. Allein in Deutschland nahmen mehr als 100 000 Personen an den Kundgebungen in zahlreichen Städten teil. Nach weiteren umfangreichen zivilgesellschaftlichen Protesten beschloss das EU-Parlament im Sommer 2012, das Abkommen nicht zu ratifizieren.

Die Anti-ACTA-Demonstrationen sind nicht zuletzt deshalb bedeutsam, weil sich viele Jugendliche und junge Erwachsene daran beteiligten, die vermutlich nicht über die etablierten Kanäle von netzpolitischen Blogs oder Bürgerinitiativen auf den Protest aufmerksam wurden. Vielmehr riefen auch die Macher von regelmäßigen YouTube-Sendungen wie »Die_Außenseiter« oder »GermanLetsPlay« zu den Demonstrationen auf. Sie haben gerade unter Jugendlichen eine hohe Reichweite und verbreiteten so die Bekanntheit des Themas über den Kreis der netzpolitischen Aktivisten hinaus.

Markus Beckedahl, einer der Mitorganisatoren der Demonstrationen, drückte in seinem Blog »netzpolitik.org« seine Verwunderung wie folgt aus: »Was mich unglaublich überrascht hat, war, dass so viele junge Menschen auf die Straße gegangen sind. Ich kam mir teilweise wie einer der Ältesten vor, dabei bin ich selbst noch nicht alt. Viele waren sicher zum ersten Mal auf einer Demonstration. Der Grund dafür ist meist die Sorge um ein offenes Netz, um unseren gemeinsamen digitalen Kommunikationsraum, der durch immer mehr falsche Regulation gefährdet ist. Das treibt viele Menschen auf einmal an, die mit dem Netz aufgewachsen sind und sich jetzt zum ersten Mal politisch engagieren. Da sage noch jemand, die Jugend ist unpolitisch, wenn zehntausende Menschen bei der Kälte auf die Straße gehen.« (Eintrag vom 11. 2. 2012)

Allerdings gelingt der Schritt von der »Teilhabe im Netz«

zur »Teilhabe mit Hilfe des Netzes« nicht immer. Es ist ein Missverständnis zu glauben, dass bereits das Klicken des »Gefällt mir«-Buttons auf Facebook oder das Weiterleiten eines Links zu einer Online-Petition ausreiche, um entscheidend Einfluss auf politische Themen zu nehmen. Kritiker nennen dieses Verhalten auch »Slacktivism« oder »Klicktivismus«. Sie erinnern daran, dass es in der Politik letztlich auf Entscheidungen ankomme, die außerhalb des Internets getroffen werden, also in Parlamenten von der kommunalen bis hin zur europäischen Ebene. Die Teilhabe mit Hilfe der sozialen Medien ist deswegen auf absehbare Zeit nur ein Weg (unter mehreren), um Unterstützung für Anliegen zu gewinnen, Argumente einzubringen und den Informationsstand derjenigen zu verbessern, die letzten Endes die Entscheidungen treffen.

Weil Teilhabe mit Hilfe der sozialen Medien aber mehr Aufwand bedeutet als das bloße Weiterleiten von Informationen oder Klicken von Unterstützer-Links, zeigt sich hier der gleiche Effekt, der bereits im vorigen Kapitel beschrieben wurde: Nicht alle Menschen sind gleichermaßen bereit und dazu in der Lage, sich aktiv an politischen Entscheidungen zu beteiligen. Auch in Hinblick auf politisches Engagement gibt es also die Kluft zwischen den Aktiven und den Inaktiven (man könnte noch als dritte Gruppe die politikfernen Desinteressierten hinzuzählen). Politisch interessierte Menschen können die sozialen Medien gut für ihre Zwecke nutzen. Doch sie beseitigen nicht per se Politikverdrossenheit oder gar politische Apathie. Letztlich droht sogar die Gefahr, dass die Spaltung zwischen den Beteiligungsstarken und den Abgehängten noch größer wird. Daher ist es wichtiger denn je, dass Schulen, Parteien, Vereine oder andere Initiativen die Bedeutung von demokratischem Engagement an die Bürger vermitteln.

Die dritte Form der Teilhabe schließlich ist die *Teilhabe an den sozialen Medien* selbst. Hier geht es darum, auch die Technologien und die Infrastruktur, die den sozialen Medien zugrunde liegen, mit zu gestalten. Diese Aufgabe ist Teil der

»Netzpolitik«, eines neuen Politikfeldes, das in den letzten Jahren Kontur gewonnen hat. Dazu haben unter anderem die zwischenzeitlichen Wahlerfolge und die große mediale Aufmerksamkeit für die Piratenpartei oder die Einrichtung der Enquete-Kommission »Internet und digitale Gesellschaft« des Deutschen Bundestags beigetragen. Politiker, die sich mit diesen Themen befassen, haben zwar in den etablierten Parteien noch nicht das gleiche Gewicht wie zum Beispiel die Finanz- oder Außenpolitiker. Doch mittlerweile hat sich die Erkenntnis durchgesetzt, dass bei der Regulierung digitaler Medien gesellschaftlich wichtige Entscheidungen gefällt werden.

Politische Fachdebatten zu netzpolitischen Themen drehen sich nämlich auf den ersten Blick um Details, die nur wenige Menschen interessieren. Bei näherem Hinsehen berühren sie aber wesentliche Fragen, die auf Jahre hinaus unser (Medien-)Leben prägen werden. Gelingt es uns beispielsweise, das Verständnis von Privatsphäre und Datenschutz, das sich in Deutschland im Lauf der letzten 30 Jahre entwickelt hat, auch unter veränderten medientechnischen Bedingungen zu bewahren? Oder werden die sozialen Medien technisch weiterhin so gestaltet sein, dass wir als Nutzer die Kontrolle über unsere persönlichen Daten nahezu vollständig aufgeben? Ein anderes Beispiel: Wird die Infrastruktur des Internets »netzneutral« bleiben, werden also die unzähligen Glasfaserkabel, Satellitenverbindungen und Unterseekabel auch weiterhin alle Datenpakete gleichberechtigt transportieren? Oder wird die Netzneutralität dadurch aufgehoben, dass die Daten mancher Anbieter bevorzugt (also schneller) übertragen werden, zum Beispiel weil dafür gezahlt wird?

Zwischen Teilhabe und Fremdbestimmung

Die vorangegangenen Kapitel haben gezeigt, warum solche netzpolitischen Entscheidungen so wichtig sind. Zudem sollte deutlich geworden sein, dass die Gestaltung der sozialen Medien nicht allein Aufgabe von parteigebundener Netzpolitik ist, sondern uns alle angeht. Denn das Internet und speziell die sozialen Medien stellen uns Kommunikationsmöglichkeiten zur Verfügung, auf deren Grundlage vielfältige Formen von Öffentlichkeit entstehen und Menschen am sozialen Leben teilhaben. Doch die Infrastruktur und die Regeln dieser neuen Kommunikationsräume werden derzeit von einigen wenigen global agierenden Unternehmen bereitgestellt und gestaltet. Facebook, Google und Twitter, aber auch Apple, Amazon oder Ebay verfolgen kommerzielle Interessen. Dadurch ist das Ausmaß der Teilhabe von Nutzern an den Infrastrukturen der sozialen Medien in aller Regel eingeschränkt. Zugespitzt formuliert, führen die sozialen Medien zu einem Partizipationsparadox – einerseits fördern sie Partizipation, andererseits verhindern sie sie. Was ist damit gemeint?

Wie oben geschildert, ermutigen die Betreiber sozialer Medien zur Partizipation im Sinne von »Mitwirkung«. Ihre Nutzer sollen die Plattformen möglichst oft, lange und ausgiebig nutzen, um ihre Beziehungen zu pflegen und Informationen aller Art miteinander zu teilen. Auch einer zweiten Facette von Partizipation gegenüber sind die Betreiber meist aufgeschlossen: Der »Mitbestimmung« der Nutzer. Sie ist vor allem dort erforderlich (und von Betreiberseite gewünscht), wo es um die Kontrolle von nutzergenerierten Inhalten geht, die auf den meisten Plattformen in nicht mehr überschaubaren Mengen anfallen. In einem Werbevideo von YouTube (unter www.onehourpersecond.com auch auf Deutsch abrufbar) heißt es beispielsweise, dass in jeder Sekunde Videomaterial mit einer Länge von einer Stunde auf der Plattform hochgeladen wird. Der Seite internetlivestats.com zufolge werden derzeit (Juli 2017) knapp 450 000 Tweets pro Minute gesendet. Und auf Facebook, das nach eigenen Angaben inzwischen über zwei Milliarden Mitglieder hat, laden Menschen weltweit pro Tag mehr als 350 Millionen Fotos hoch.

Angesichts dieser Mengen können die Plattformbetreiber die hochgeladenen Inhalte nicht mehr vollständig selbst prüfen. Sie behelfen sich zum einen damit, dass sie technische Filtersysteme installieren, die zum Beispiel nach bestimmten Schlüsselwörtern suchen. Zum anderen aber übernehmen auch die Nutzer selbst eine wichtige Rolle. Sie sollen die Betreiber auf extremistische, gewaltverherrlichende oder anderweitig problematische Inhalte hinweisen. Diese Hinweise werden dann von den Teams der plattformeigenen »Community Manager« oder Moderatoren geprüft, die gegebenenfalls Fotos oder Texte löschen bzw. die dafür verantwortlichen Nutzer verwarnen oder sperren.

Diese beiden Facetten von Teilhabe der Nutzerschaft (Mitwirkung sowie Mitbestimmung über die akzeptablen oder nicht akzeptablen Inhalte) sind wesentlicher Bestandteil der Geschäftsmodelle der Betreiber. Denn erst die Aktivitäten der Nutzer sowie die unentgeltliche Arbeit, die sie beim Identifizieren und Melden problematischer Inhalte übernehmen, schaffen den Wert einer Plattform. Auf den ersten Blick nehmen die Betreiber dabei eine reine Mittlerrolle zwischen den Nutzern ein. Sie beschränken sich scheinbar darauf, eine technische Infrastruktur bereitzustellen, mit deren Hilfe ihre Mitglieder kommunizieren können. Doch faktisch lassen sie sich meist weitreichende Rechte an den Daten und Inhalten einräumen. Sie behalten sich auch vor, bestimmte Inhalte oder Profile zu sperren, die nicht den Allgemeinen Geschäftsbedingungen entsprechen.

Echte Selbstbestimmung, also das eigenverantwortliche Gestalten von Strukturen und Regeln des sozialen Miteinanders, ist bei den großen Anbietern von sozialen Medien hingegen nicht vorgesehen. Die große Ausnahme ist Wikipedia, deren Träger kein gewinnorientiertes Unternehmen, sondern eine Stiftung ist. Auf den meisten anderen Plattformen akzeptiert man die Allgemeinen Geschäftsbedingungen der Betreiber, wenn man sich registriert. Man begibt sich dadurch in ein Vertragsverhältnis zu den Anbietern, wird also zum Kunden. Für den Einzelnen ist dies möglicherweise auf den ersten Blick gar nicht ersichtlich. Man kann Facebook oder YouTube ja kostenlos nutzen, und die genauen Bedingungen und Pflichten, die man eingeht, sind für den juristischen Laien aus den umfangreichen und komplexen Dokumenten kaum zu erschließen. Dennoch findet ein Tausch von Leistung und Gegenleistung statt. Denn man zahlt mit seinen persönlichen Daten und seiner Aufmerksamkeit, die wiederum vor allem gegenüber Werbetreibenden vermarktet werden. Zynisch formuliert ist man also noch nicht einmal Kunde von Facebook und anderen Plattformen, sondern selbst das Produkt.

Der Umstand, dass man Kunde von Facebook (oder anderen Plattformen) ist, bringt einige Probleme mit sich. Als Nutzer hat man zum Beispiel kaum Möglichkeiten, die immer wieder vorgenommenen Änderungen in der Gestaltung, im Funktionsumfang oder in den Geschäftsbedingungen einer Plattform im Vorfeld zu beeinflussen. Bislang gibt es keine oder nur eingeschränkte Prozeduren, Nutzer anzuhören oder sich mit ihnen über unterschiedliche Varianten abzustimmen. Auch ein Widerspruch ist meist nur in der Form möglich, sich von der Plattform abzumelden. Das ist auch das immer wieder vorgebrachte Argument der Betreiber: Niemand wird zur Nutzung gezwungen, und wer mit bestimmten Rahmenbedingungen nicht einverstanden sei, der könne sich ja jederzeit abmelden.

Doch selbst wenn man sich zum Verlassen einer Plattform entscheiden sollte, bauen sich Hürden auf. Diese können sozialer Art sein, weil zumindest in bestimmten Altersgruppen oder Szenen die Präsenz bei Diensten wie Instagram, Snapchat oder WhatsApp derzeit unerlässlich ist, um sich nicht sozial zu isolieren. Aber auch technische Hürden bestehen. Denn in den sozialen Medien fehlt die »Interoperabilität«, wie es im technischen Jargon heißt. Auf dem Telefonmarkt beispielsweise kann man zwischen zwei unterschiedlichen Betreibern telefonieren oder seine Nummer bei einem Vertragswechsel zum neuen Anbieter mitnehmen. In den sozialen Medien hingegen kann man die eigenen Daten und Inhalte, die man mit durchaus beträchtlichem Zeitaufwand gepflegt hat, nicht einfach zu einem anderen Konkurrenznetzwerk transferieren.

Soziale Medien sind in dieser Hinsicht also nur einseitig offen. Sie fördern das Einstellen, Hochladen, Teilen von Daten aller Art auf der Plattform. Aber sie sträuben sich dagegen, diese Daten auch wieder »loszulassen«. Dies verweist auf ein weiteres Problem: Die Betreiber der Plattformen verfügen über immense Datenmengen. Sie reichen von den personenbezogenen Informationen ihrer Nutzer im engeren Sinne (wie Geschlecht, Geburtsdatum oder Kontaktadresse) bis zu eher beiläufig anfallenden Informationen über Vorlieben, Interessen, Aktivitäten und räumliche Bewegung. Zudem erfassen sie die soziale »Verortung« einer Person, also Informationen über die Kontakt- und Kommunikationsnetzwerke.

Aus diesen Daten lassen sich wiederum, eine genügend große Datenmenge vorausgesetzt, relativ treffsichere Vorhersagen über Präferenzen oder Verhalten des einzelnen Nutzers machen. Nicht umsonst ist in den letzten Jahren unter dem Stichwort »big data« eine eigene Branche von spezialisierten Datenverwaltungs- und Auswertungsdienstleistern entstanden. Aus der Sicht der Anbieter von sozialen Medien sowie der werbetreibenden Industrie entstehen hier zahlreiche neue Möglichkeiten für zielgerichtete, personalisierte Ansprache und Werbung. Dem einzelnen Nutzer winkt das Versprechen, an den eigenen Interessen oder Verhältnissen ausgerichtete und damit wertvollere Anzeigenbotschaften zu erhalten. Aus Sicht des Datenschutzes hingegen ist diese Entwicklung eher ein Albtraum. Die Datenfülle der sozialen Medien lässt sich

nämlich genauso gut für überwachende oder kontrollieren-
de Zwecke nutzen. Die auf digitalen Medien basierenden Öffentlichkeiten können mit Computerhilfe nahezu in Echtzeit
beobachtet, also automatisch und verdeckt durchsucht werden. Mit den Enthüllungen von Edward Snowden ist spätestens seit 2013 auch bekannt, dass nicht nur russische oder chi-
nesische Geheimdienste, sondern auch die us-amerikanische
NSA, die britische GHCQ-Behörde oder der deutsche Bun-
desnachrichtendienst möglichst weitreichenden Zugriff auf
möglichst viele Datenbestände anstreben. Die datengetriebe-
nen Geschäftsmodelle vieler sozialer Medien sind also zugleich Grundlage für bislang ungeahnte Überwachungs-
praktiken – mit den Worten der Wissenschaftlerin Shoshana
Zuboff leben wir mittlerweile im »surveillance capitalism«,
also im »Überwachungskapitalismus«.

Zusammengefasst besteht das Partizipationsparadox der
sozialen Medien also darin, dass sie ihren Nutzern einerseits bisher ungekannte Möglichkeiten eröffnen, sich an gesellschaftlicher Öffentlichkeit zu beteiligen. Andererseits ver-
schließen sie sich selbst aber der Teilhabe und üben Macht
aus, indem sie in beispiellosem Ausmaß – und unter Mitwir-
ken von uns Nutzern – Informationen über unseren Alltag
erheben und verarbeiten. Weil die zugrundeliegenden Entwicklungen noch so jung sind und weil sie in vergleichsweise
rasanter Geschwindigkeit ablaufen, tun wir uns gesellschaftlich allerdings noch sehr schwer, geeignete Lösungen für dieses Problem zu finden.

Es gibt zwar durchaus alternative Modelle für soziale Medien. Sie beruhen auf dezentraler Infrastruktur, auf offenen
Prozeduren für den Datenaustausch und auf frei verfügbaren
Softwaretechnologien. Neben Wikipedia tragen auch Weblogs
zu einem solchen Gegenmodell bei: Viele von ihnen werden
von ihren Autoren selbst unter einem eigenen Domainnamen
und ohne Gewinnabsichten betrieben. Die meistverbreitete
Weblog-Software namens »Wordpress« ist »open source«, das

heißt sie kann prinzipiell von jedem eingesehen, verändert und erweitert werden. Zudem ist ihre Nutzung kostenfrei, es fallen allenfalls die Ausgaben für den Server-Speicherplatz an, auf dem man sein eigenes Blog installiert.

Doch die größte Hürde, die eine weitreichende Verbreitung solcher Alternativen verhindert, ist nach wie vor technisches Wissen. Man muss zwar kein Programmierer mehr sein oder ein Informatikstudium absolviert haben, um sich zum Beispiel ein eigenes Weblog zu installieren. Aber auf den großen kommerziell orientierten Plattformen reicht es meist schon, den gewünschten Nutzernamen und eine E-Mail-Adresse anzugeben, um loslegen zu können. Erst diese Einfachheit, die es buchstäblich jedem Interessierten mit Internetzugang erlaubt, sich dort anzumelden, hat zu der großen Verbreitung geführt. Im Gegensatz dazu sind Plattformen und Technologien, die aus Sicht des Datenschutzes oder der Selbstbestimmung vorteilhafter wären, für die meisten Nutzer bislang noch zu kompliziert und daher abschreckend.

Wie steht es also um die Leitfrage dieses Kapitels? Sind die sozialen Medien nun partizipativ – oder überwachen und kontrollieren sie den Menschen? Beides ist richtig, oder genauer gesagt: Beides kann richtig sein. Denn auch in dieser Hinsicht zeigt sich wieder, dass Medientechnologien nicht automatisch und vorherbestimmt zu bestimmten Folgen führen. Es kommt stattdessen auf unsere Nutzung der Medien und auf unseren gesellschaftlichen Umgang mit ihnen an. Nutzen wir sie, um an der Gestaltung unserer Gesellschaft teilzuhaben, und fordern wir diese Einflussmöglichkeiten auch von den Betreibern der sozialen Medien selbst ein? Oder beschränken wir uns darauf, es uns bequem in den »goldenen Käfigen« der großen Plattformen einzurichten?

8. Fazit und offene Fragen

Die sozialen Medien passen in unsere Zeit: Sie folgen dem Leitbild der vernetzten Individualität, das unsere Gesellschaft kennzeichnet, und sie tragen zum Wandel von Öffentlichkeit bei. Entscheidend ist, dass wir den gesellschaftlichen Anspruch auf Gestaltung dieser Medientechnologien nicht verloren geben.

Die vorangegangenen Kapitel haben deutlich gemacht, dass die sozialen Medien in vielen Bereichen unseres Alltags weitreichende Veränderungen anstoßen. Sie setzen Entwicklungen fort, die bereits vor mehr als 20 Jahren begonnen haben, als das Internet begann, sich in der Gesellschaft zu etablieren. Bei allen Besonderheiten, die die zahlreichen Gattungen und Angebote voneinander unterscheiden, lassen sich zwei entscheidende Gemeinsamkeiten ausmachen. Soziale Medien helfen erstens dabei, dass sich Menschen Informationen aller Art im Internet zugänglich machen können. Und zweitens unterstützen sie zwischenmenschliche Beziehungen, sei es durch Möglichkeiten zur Kommunikation und zum Austausch, sei es durch das Abbilden und Erweitern von Kontaktnetzwerken aller Art.

Die Kommunikationswissenschaft tat sich lange schwer mit diesen Entwicklungen. Sie hat sich im deutschsprachigen Raum im Lauf der vergangenen 50 Jahre als wissenschaftliche Disziplin etabliert, die sich vorrangig mit öffentlicher Kommunikation beschäftigt. Vereinfacht gesagt, hat sie sich also auf Massenmedien wie Fernsehen, Radio und Zeitungen beschränkt. Der direkte Kontakt zwischen Menschen, ob von Angesicht zu Angesicht oder vermittelt über Medien wie Briefe und Telefon, wurde zwar zur Kenntnis genommen, stand aber nicht im Mittelpunkt der wissenschaftlichen Forschung und Theoriebildung.

Das Internet und speziell die sozialen Medien stellt diese Trennung – hier die Massenmedien, dort die Situationen der interpersonalen Kommunikation – allerdings infrage. Wie wir gesehen haben, kommen in sozialen Medien ganz unterschiedliche Kriterien zur Geltung, wer welche Informationen welchem Publikum zugänglich macht. Viele Menschen nutzen sie für den privat-persönlichen Austausch. Sie unterhalten sich dabei auch über Themen aus publizistischen Medien, wenn sie denn spannend, bemerkenswert oder relevant sind. In den sozialen Medien wachsen dadurch »Publikation« und »Konversation« zusammen.

Durch dieses Buch zog sich zudem das Argument, dass die sozialen Medien zu einem Wandel von Öffentlichkeit beitragen. Sie lassen den neuen Typ der »persönlichen Öffentlichkeit« entstehen, und sie verändern das Umfeld für journalistische Medienöffentlichkeit. Sie führen dazu, dass nicht mehr nur einige wenige Experten das Privileg haben, ihr Wissen zugänglich zu machen, und sie unterstützen neue Formen der gesellschaftlichen Teilhabe. Die sozialen Medien machen deutlich, dass die Grenzen zwischen Privatsphäre und Öffentlichkeit verschwimmen, und sie werfen die Frage auf, bis zu welchem Grad gesellschaftlich-politische Öffentlichkeit auf privatwirtschaftlich kontrollierter Infrastruktur basieren sollte.

Doch die sozialen Medien und der mit ihnen einhergehende Wandel von Kommunikation und Öffentlichkeit lassen sich auch aus einer breiteren soziologischen Perspektive betrachten. Denn wenn man die Medienentwicklung der Gegenwart in größere Zusammenhänge der gesellschaftlichen Entwicklung einbettet, fällt auf, dass soziale Medien perfekt in breite Veränderungen und Trends passen. Dazu gehört vor allem, dass schon seit Jahrzehnten, wenn nicht seit Jahrhunderten, der einzelne Mensch als Individuum an Bedeutung gewinnt. Wir sind immer weniger an vorgegebene Lebensverläufe, an traditionelle Muster des Verhaltens, des Arbeitens oder der Familie gebunden. Wir besitzen die Freiheit, unser eigenes Leben zu gestalten, und müssen uns nicht mehr im gleichen Maße wie noch vor 50, 100 oder 250 Jahren mit dem zufrieden geben, was uns durch unsere familiäre Herkunft »in die Wiege gelegt ist«. Die Soziologie beschreibt diese Entwicklung als »Individualisierung«. Dazu gehört zum Beispiel auch, dass Werte wie Selbstverwirklichung und persönliche Zufriedenheit an Bedeutung gewinnen auf Kosten von Werten wie Aufopferung, Pflichterfüllung oder dem Beharren auf Konventionen. Das Motto »Gestalte dein Leben!«, die Aufforderung »Sei du selbst!«, der Leitspruch »Du bist für dein Leben selbst verantwortlich!« sind ebenfalls Ausdruck der Individualisierung.

Doch während die einen das »Projekt Ich« als befreiend erleben, empfinden es andere eher als Belastung und Bürde, denn man kann ja auch daran scheitern. Gerade im Berufsleben erfahren viele Menschen die Probleme, die die Individualisierung mit sich bringt: Ständiges Arbeiten an den eigenen Qualifikationen und lebenslanges Lernen oder auch die wachsende Bedeutung von freiberuflicher und zeitlich begrenzter Zusammenarbeit in flexiblen Projektteams sind für viele junge Menschen inzwischen die Regel. Die Sicherheit, nach einer beruflichen oder akademischen Ausbildung ohne Übergang direkt eine unbefristete Stelle antreten zu können, die für den Rest des Arbeitslebens hält, haben dagegen die wenigsten noch.

Individualisierung ist, auch das zeigen soziologische Studien, nicht gleichbedeutend mit Vereinzelung. Zwar lösen sich traditionelle gemeinschaftliche Gebilde wie das Arbeitermilieu oder enge dörfliche Gemeinschaften schon seit Jahrzehnten tendenziell auf. An ihre Stelle treten aber andere Formen der sozialen Bindung, zum Beispiel Lebensstile, Subkulturen oder Szenen, die wiederum viel mit individuellen Vorlieben und dem Ausdruck des eigenen Selbst zu tun haben. Zudem reichen die Beziehungsgeflechte vieler Menschen auch über geographische Distanzen hinweg: Einerseits die deutlich gestiegene Beweglichkeit, Autos, Schnellzügen und Flugzeugen sei Dank, andererseits die Kommunikationstechnologien vom Telefon bis hin zum Internet machen es möglich, Freundschaften und auf Interessen beruhende Bekanntschaften genauso wie berufliche Kontakte auch ohne direkte räumliche Nähe zu pflegen.

Und hier kommen die sozialen Medien wieder ins Spiel. Denn man kann die – hier nur knapp skizzierte – soziologische Beschreibung unserer Gegenwart auf einen Begriff bringen: Wir leben in einer Gesellschaft der *vernetzten Individualität*. Das Internet, und die sozialen Medien im Speziellen, sind die perfekten Technologien für diese Form der Gesellschaft. Sie helfen Menschen, die Anforderungen unserer Zeit zu bewältigen – zugleich bestärken sie diese Leitbilder und Herausforderungen aber auch. Wir können uns in unseren persönlichen Öffentlichkeiten als unverwechselbares, authentisches Individuum präsentieren, wir können unsere Vorlieben und Merkmale ausdrücken, wir können Beziehungen aufrechterhalten, pflegen und erweitern. Zugleich wird aber auch genau das von uns erwartet – dass wir eine unverwechselbare Persönlichkeit herausbilden, dass wir Beziehungen knüpfen, die uns im Leben weiterbringen, dass wir, wie es in der Business-Sprache heißt: »networken«.

Für die kommunikationswissenschaftliche Forschung ist es faszinierend zu beobachten, wie diese Entwicklungen, die sich über Jahrzehnte erstrecken, auf Medientechnologien mit ungleich höherer Dynamik treffen. Als ich im Frühjahr 2013 das Fazit der ersten Auflage dieses Buches schrieb, gehörte nicht viel prophetische Gabe zur Aussage: »Vermutlich werden allein im Zeitraum zwischen Fertigstellung dieses Manuskripts und Erscheinen des gedruckten Buches zahlreiche neue Angebote, Plattformen und technische Geräte auf dem Markt sein, die revolutionäre neue Funktionen und Leistungen versprechen.« Und mit Blick auf Facebook fragte ich: »Werden die Achtjährigen des Jahres 2013 in ein paar Jahren auf Facebook gehen wollen, wo sich doch auch ihre Eltern tummeln?« In der Tat sind die Teenager von heute eher bei Angeboten wie Instagram, WhatsApp oder Snapchat zu finden, von denen in der ersten Auflage dieses Buches noch keine Rede war. Und doch hat Facebook seine eigene Dominanz in diesem Zeitraum letztlich noch erhöht – weil es nämlich Instagram und Whatsapp (und zahlreiche weitere innovative Dienste) kurzerhand übernommen hat.

Dies führt vor Augen, dass wir die kurzfristigen Moden und Hypes bestimmter Dienste und Praktiken zwar nicht ignorieren sollten, aber die Einbettung sozialer Medien in die darüber hinausreichenden Lebensumstände ihrer Nutzer wie auch in Strukturen von Macht und Kontrolle der eigentlich spannende Forschungsgegenstand ist. Nach wie vor bin ich davon überzeugt, dass soziale Medien so viele Zwecke erfüllen – sie machen persönliche Öffentlichkeiten möglich, erleichtern die rasche Verbreitung von Informationen, unterstützen Zusammenarbeit und das gemeinsame Sammeln, Filtern und Bearbeiten von Wissen –, dass die Prinzipien von Netzwerk- oder Videoplattformen, Wikis oder Blogs nicht wieder verschwinden werden, egal wie die Anbieter heißen. Hier liegt zugleich eine entscheidende gesellschaftliche Aufgabe für die kommenden Jahre: Weil unser alltägliches

Handeln, unsere sozialen Beziehungen und unsere Wissensbestände mehr und mehr von digitalen vernetzten Medien durchdrungen sind, machen wir uns auch von ihnen abhängig. Daraus folgt nicht, dass wir das Internet wieder abschaffen sollten – sondern vielmehr, dass wir Einfluss auf die Gestaltung dieser Universaltechnologie nehmen müssen.

Wie die sozialen Medien aussehen und funktionieren, ist nicht naturgegeben, sondern hängt von unseren Entscheidungen ab. Wir haben es in der Hand, ob in den sozialen Medien Regeln eines zivilisierten, höflichen und menschenwürdigen Miteinanders gelten oder nicht. Wir sollten darauf drängen, dass sich Menschen frei von kommerzieller oder staatlicher Überwachung entfalten können. Wir können dazu beitragen, dass Wissen möglichst allen frei zur Verfügung steht, und nicht nur einigen wenigen Privilegierten zugutekommt. Wir müssen, können und sollten diesen Einfluss auf soziale Medien – und damit auf einen wichtigen Baustein unserer Gesellschaft – auch wahrnehmen.

Zum Weiterlesen

Bunz, Mercedes (2012): Die stille Revolution. Wie Algorithmen Wissen, Arbeit, Öffentlichkeit und Politik verändern, ohne dabei viel Lärm zu machen. Frankfurt am Main: Suhrkamp.
Schildert gut lesbar, wie die Digitalisierung tief in unser Arbeitswelt und Wissensordnung eingreift und welche Parallelen es zur Industrialisierung in den letzten 200 Jahren gibt.

Dolata, Ulrich/Jan-Felix Schrape (Hrsg.) (2017): Kollektivität und Macht im Internet. Soziale Bewegungen – Open Source Communities – Internetkonzerne. Wiesbaden: Springer VS.
Versammelt Beiträge, die aus organisations- und techniksoziologischen Perspektiven die Entwicklungen und Strukturen analysieren, die im Bereich der internetbasierten kollektiven Organisation von Interessen in Wirtschaft und Politik zu beobachten sind.

Meikle, Graham/Sherman Young (2012): Media Convergence. Networked digital media in everyday life. Basingstoke/New York: Palgrave Macmillan
Behandelt die sozialen Medien als Teil breiterer Entwicklungen von Medien und Gesellschaft; hier stellvertretend für eine Fülle von englischsprachiger Literatur zum Thema genannt.

Nuernbergk, Christian/Christoph Neuberger (Hrsg.) (2018): Journalismus im Internet: Profession – Partizipation – Technisierung. 2. erweiterte und überarbeitete Auflage. Wiesbaden: VS Verlag.
Gibt einen Überblick zum aktuellen Forschungsstand sowie zu eigenen empirischen Studien rund um das Verhältnis von Journalismus und sozialen Medien.

Schenk, Michael/Julia Niemann/Gabi Reinmann/Alexander Roßnagel (Hrsg.) (2012): Digitale Privatsphäre. Heranwachsende und Datenschutz auf Sozialen Netzwerkplattformen. Berlin: Vistas.
Breit angelegte empirische Studie, die den Stellenwert von Netzwerkplattformen für Jugendliche und junge Erwachsene untersucht, wobei ein besonderer Fokus auf Normen, Einstellungen und Kompetenzen zum Schutz der Privatsphäre liegt.

Schmidt, Jan (2011): Das neue Netz. Merkmale, Praktiken und Folgen des Web 2.0. 2. überarbeitete Auflage. Konstanz: UVK.
Beschreibt viele der hier beschriebenen Entwicklungen ausführlicher und mit Verweisen auf die betreffenden kommunikationswissenschaftlichen und soziologischen Fachdebatten.

Schmidt, Jan-Hinrik/Monika Taddicken (Hrsg.) (2017): Handbuch Social Media. Wiesbaden: Springer VS.
Gibt in 19 Teilkapiteln einen Überblick über die kommunikationswissenschaftliche Theorie und Forschung zu sozialen Medien.

Schweiger, Wolfgang (2017): Der (des)informierte Bürger im Netz. Wie soziale Medien die Meinungsbildung verändern. Wiesbaden: Springer.
Ausführliche Abhandlung des sozialpsychologischen und kommunikationswissenschaftlichen Forschungsstands zum Einfluss sozialer Medien auf Informationsverhalten und Meinungsbildung.

Stalder, Felix (2016): Kultur der Digitalität. Frankfurt am Main: Suhrkamp.
Kenntnisreiche kultursoziologische Darstellung von wesentlichen Entwicklungen der digitalen Gesellschaft.

Onlinequellen

http://www.ard-zdf-onlinestudie.de
Dokumentiert eine seit 1997 jährlich durchgeführte, repräsentative Befragung zur Internetnutzung der Deutschen; auf der Homepage sind Kernergebnisse sowie ausführliche Fachartikel abrufbar.

http://www.bpb.de/gesellschaft/medien/wikipedia/
Dossier der Bundeszentrale für politische Bildung zur Wikipedia; enthält eine Reihe von weiterführenden Artikeln von Wissenschaftlern und Aktivisten

http://www.mpfs.de/studien/jim-studie/
Übersicht der seit 1998 jährlich aktualisierten Studie »Jugend, Information, (Multi-)Media«, die Befunde zur Mediennutzung 12- bis 19-Jähriger liefert.

Glossar

Account: Englischer Begriff für »Nutzerkonto«; wenn man sich auf einer Plattform anmeldet, erhält man einen *A.*

Administratoren: Eine Personengruppe, die über besondere Rechte auf einer Plattform verfügt, z. B. können sie Texte verändern oder andere Nutzer bei Fehlverhalten sperren. Je nach Plattform können *A.* Mitarbeiter des Betreibers oder auch besonders aktive Nutzer sein.

Algorithmus: Oberbegriff für mathematische Verfahren, mit denen automatisierte Berechnungen vorgenommen werden. Alle Computerprogramme beinhalten *A.;* bei sozialen Medien sind *A.* vor allem dort wichtig, wo Daten modifiziert, zusammengefasst, in eine Rangfolge gebracht, gefiltert o. ä. werden sollen, z. B. bei Suchanfragen oder der Darstellung von neuen Informationen.

Applications (auch: Apps): Sammelbegriff für Anwendungen, die von Drittanbietern für eine umfassendere Plattform bereitgestellt werden. *A.* sind v. A. für Smartphones und Tablet PCs verbreitet.

Bots: Bezeichnung für automatisiert betriebene ➤ Accounts auf sozialen Medien. In Form von »social bots« oft intransparent und zur Manipulation des Meinungsklimas betrieben.

Browser: Sammelbegriff für Software, mit der man Inhalte des World Wide Web abrufen kann (z. B. der Internet Explorer, Firefox oder Google Chrome).

Clickbait: bezeichnet kurze Meldungen mit reißerischen oder irreführenden Überschriften; C. wird in sozialen Medien insbesondere eingesetzt, um Nutzer auf eigene Seiten zu locken und dort Werbeerlöse zu erzielen.

Cloud: Sammelbegriff für die Infrastruktur, mit deren Hilfe Daten und Programme nicht mehr auf dem eigenen Computer gespeichert werden, sondern »irgendwo« im Internet.

Echokammer: bezeichnet Kommunikationsräume, in denen keine abweichenden Meinungen zu Gehör kommen, sondern sich Menschen vorrangig in ihren vorgefassten Ansichten bestärken (vgl. auch ➤ Filterblase).

Emoji: Aus den ➤ *Emoticons* hervorgegangene Bilder und Piktogramme, mit denen sich v. a. bei ➤ Netzwerkplattformen und ➤ Instant-Messaging-Diensten unterschiedliche Emotionen und Situationen ausdrücken lassen.

Emoticon: Kombination von »emotion« und »icon«; Bezeichnung für die typografischen Kürzel (»Smilies«), mit denen Nutzer in der computerbasierten Kommunikation z. B. Lächeln, Wut oder Freude ausdrücken. Vorläufer der ➤ *Emoji*.

Fake News: Sammelbegriff für Inhalte, die als Fakten präsentiert werden, obwohl sie objektiv falsch sind; umfasst Formen politischer Propaganda oder Verschwörungstheorien genauso wie kommerziell motivierten ➤ Clickbait.

Filterblase: bezeichnet fragmentierte und voneinander abgeschottete Informationsrepertoires, in denen durch Kombination von psychologischen, soziologischen und technologischen Faktoren die Informationsvielfalt eingeschränkt ist (s. auch ➤ Echokammer).

Hashtag: Funktion des Microblogging-Dienstes Twitter, um Schlagworte (»tag«) als solche zu kennzeichnen; ein Wort, dem man das Rautezeichen # (engl. »hash«) voranstellt, wird automatisch zu einem *h.* (z. B. #hamburg).

Hate Speech: bezeichnet Beiträge oder Kommentare in sozialen Medien, die andere Menschen beleidigen, verunglimpfen oder verhetzen.

Instant-Messaging-Dienst: Sammelbegriff für Internet-Anwendungen, die den (nahezu) synchronen Austausch von Text- und Bildnachrichten zwischen Nutzern unterstützen. Die bekanntesten *IM.* sind WhatsApp und der Facebook Messenger.

Lurker/Lurking (dt. »Schleichen«, »Lauern«): Sammelbegriff für diejenigen Nutzer von Foren, Blogs und allgemeinen Netzwerkplattformen, die den Verlauf von Diskussionen passiv mitverfolgen, sich jedoch nicht selbst an diesen beteiligen.

Microblogging: Sammelbegriff für Internet-Anwendungen, bei denen kurze Mitteilungen mit einem meist definierten Publikum geteilt werden. Der bekannteste *M.*-Dienst ist Twitter.

Netzwerkplattform (auch: Community; Social Network Site): Sammelbegriff für Internet-Anwendungen, bei denen Nutzer ausgehend von einer eigenen Profilseite soziale Beziehungen zu anderen Personen (als »Freunde« oder »Kontakte«) explizit machen und so den Kontakt mit ihrem erweiterten sozialen Netzwerk halten können. Bekannte *N.* sind u.a. Facebook, wer-kennt-wen.de oder XING.

Podcast: eine einzelne oder Reihe von Audiosendung/en, die im Internet bereit stehen und zu beliebigen Zeiten abgerufen werden können; *P.* existieren zu unterschiedlichen Themen und können von Laien, aber auch von professionellen Radio-Journalisten produziert sein.

Profil: Gesamtheit der Informationen zu einem Nutzer auf einer Plattform; das *P.* enthält meist ein Bild oder Foto, persönliche Angaben sowie, je nach Plattform, z.B. eine Liste der Videos, Texte oder sonstigen Inhalte des Nutzers.

Shitstorm: umgangssprachliche Bezeichnung für eine Welle von Empörung, die sich in einer Vielzahl von negativen Kommentaren und anderen Einträgen in sozialen Medien äußert; *S.* entstehen in der Regel nach ungeschickten, unkontrollierten oder auch skandalösen Aussagen und Handlungen von Politikern oder Unternehmen, sind aber nicht auf diese beschränkt.

Tag: englische Bezeichnung für »Schlagwort« oder »Kategorie«; meist können *t.* von Nutzern beliebig für Fotos, Videos, Texte oder andere Inhalte vergeben werden.

Tweet: Bezeichnung für eine einzelne Nachricht auf dem Microblogging-Dienst Twitter; ein *T.* hat eine maximale Länge von 140 Zeichen.

Ubiquitous Computing (dt. »Rechnerallgegenwart«): beschreibt den Umstand, dass computergestützte Dienste und Informationen nicht mehr nur auf speziellen PCs zur Verfügung stehen, sondern in nahezu alle alltäglichen Gegenstände und Aktivitäten eingebettet sind.

Web 2.0: Sammelbegriff für verschiedene technische Innovationen, die die Gestalt des World Wide Web seit etwa Mitte der 2000er Jahre prägen und auch zu ökonomischen und gesellschaftlich-kulturellen Veränderungen geführt haben.

Virale Effekte: Sammelbegriff für ein Muster der Verbreitung von Informationen, das ähnlich wie bei Epidemien rasant und schneeballartig vonstatten geht; *v. E.* können gezielt angestrebt werden, um z. B. im Marketing Aufmerksamkeit für ein neues Produkt zu erhöhen; auch der Shitstorm (s. o.) beruht auf *v. E.*

Weblog (auch: Blog): Sammelbegriff für Webseiten, die relativ regelmäßig von einem oder mehreren Autoren (»Blogger«) aktualisiert werden und deren Inhalte (meist Texte) rückwärts chronologisch angezeigt werden. In der Regel können einzelne *W.*-Einträge von anderen Nutzern kommentiert werden. Die Gesamtheit aller *W.* wird als »Blogosphäre« bezeichnet.

Wiki: Sammelbegriff für Webseiten, deren Inhalte die Nutzer im Browser ergänzen oder korrigieren können. Das bekannteste *W.* ist die Online-Enzyklopädie Wikipedia.

World Wide Web (auch: WWW): Internetdienst, der aus miteinander verknüpften elektronischen Dokumenten (die Daten aller Art enthalten können) besteht, die mit Hilfe eines Browsers navigiert werden.